中国当代科学家的故事

一粒种子的粮仓梦

主编 杨计明

U0781992

SPM
南方传媒

广东科技出版社
全国优秀出版社

广州

图书在版编目（CIP）数据

一粒种子的粮仓梦 / 杨计明主编. -- 广州：广东科技出版社，2024.9（2025.4重印）. --（中国当代科学家的故事）. ISBN 978-7-5359-8377-0

Ⅰ. K826.1-49

中国国家版本馆 CIP 数据核字第 2024H3K514 号

一粒种子的粮仓梦

Yi Li Zhongzi de Liangcangmeng

出 版 人：严奉强
项目策划：王 蕾
项目统筹：招海萍 区燕宜 严 旻
责任编辑：李 杨 彭逸伦
封面设计：俞孝军
装帧设计：友间文化
责任校对：李云柯
责任印制：彭海波
出版发行：广东科技出版社
　　　　　（广州市环市东路水荫路11号 邮政编码：510075）
销售热线：020-37607413
https://www.gdstp.com.cn
E-mail：gdkjbw@nfcb.com.cn
经 　 销：广东新华发行集团股份有限公司
印 　 刷：广州市东盛彩印有限公司
　　　　　（广州市增城区上邵工业区工业二路1号 邮政编码：510700）
规 　 格：889 mm×1 194 mm　1/32　印张4　字数80千
版 　 次：2024年9月第1版
　　　　　2025年4月第2次印刷
定 　 价：29.80元

如发现因印装质量问题影响阅读，请与广东科技出版社印制室联系调换（电话：020-37607272）。

"中国当代科学家的故事"丛书

编委会

主　　编：杨计明

本册主编：马学军

编写人员：（按编写顺序排序）

陈　哲　陈晓华

陈秀媚　张爱民

序 言

在浩瀚的宇宙中，人类探索的脚步从未停歇。从古至今，无数科学家以其卓越的智慧和不懈的努力，推动着人类社会的进步和发展。科学家是知识的创造者和传播者，是时代的先锋、国家的脊梁。

国家最高科学技术奖是中国科学技术界的最高荣誉，主要授予在当代科学技术前沿取得重大突破或者在科学技术发展中有卓越建树，在科学技术创新、科学技术成果转化和高技术产业化中创造巨大经济效益或者社会效益的科学技术工作者。本套丛书主要介绍了从2000年起历届国家最高科学技术奖获奖者的科学发现及科学贡献，他们有的在实验室里默默耕耘，有的在太空探索中勇往直前，有的在手术台上挽救生命，有的在信息技术领域创新突破……他们的故事，是关于梦想、挑战、坚持和成就的故事。

"中国当代科学家的故事"丛书专为青少年读者精心编撰，是一套弘扬科学精神和科学家精神，树立优秀榜样，培养青少年热爱科学、勇于探索、坚持真理、无私奉献的精神，提高青少年科学素养的科普读物，希望通过讲述中国当代科学家们的故事，激发年青一代对科学、技术、工程和数学（STEM）领域探索研究的热情和兴趣，传递昂扬向上的生命力量。

丛书按获奖者获奖年份分为5册，每册讲述7名科学家的成就和故事。

让我们一起翻开本书，走进科学家的世界，感受他们对真理的追求、对科学的热爱、对未知的探索，学习他们高尚的精神，感受他们的人格魅力。希望本套丛书能够成为青少年科学探索路上的一盏明灯，点燃梦想的火种，照亮前行的道路。

中国科学院院士

2024年8月

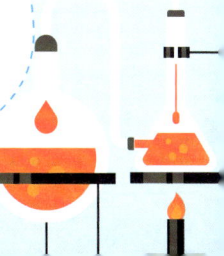

袁隆平

吴文俊

王　选

金怡濂

刘东生

黄　昆

王永志

目　录

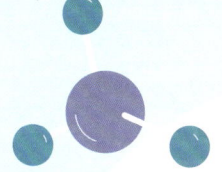

袁隆平：一粒种子的粮仓梦　/001

吴文俊：数学大师中的老顽童　/019

王　选：让中文排版印刷走上现代之路　/033

黄　昆：晶体里原子"舞蹈"的奥秘　/049

金怡濂：让中国巨型机大发神威　/067

刘东生：揭开黄土生成的秘密　/083

王永志：让中国人的脚步迈进太空　/101

袁隆平

一粒种子的粮仓梦

科学家简介

袁隆平（1930－2021年）

著名农业科学家、中国杂交水稻专家、"杂交水稻之父"

中国科学院院士

2000年度国家最高科学技术奖获得者

获"共和国勋章""改革先锋"称号及"改革先锋奖章"

科学发现

鹤立鸡群——三系法杂交水稻

新中国刚刚成立不久，国家面临各种困难，其中最急迫需要解决的就是粮食不足问题。为了尽快解决粮食问题，众多科学家付出了各种努力，其中也包括袁隆平。刚开始的时候，袁隆平研究的是红薯、马铃薯等作物。当时流行的是苏联生物学家米丘林、李森科的无性杂交理论，他们认为嫁接可以改良品种或创造新品种。

嫁接

什么是嫁接呢？这是一种对植物的人工繁殖方法，也就是把一种植物的枝或芽（称为接穗），接到另一种植物的茎或根（称为砧木）上，利用植物受伤后具有的愈伤机能，使接在一起的两个部分结合，长成一个完整的植株，这属于无性繁殖方式。嫁接不是随便找两种植物就能进行的，一旦接穗和砧木的亲和力不够强，它们在内部组织结构、生理机能和遗传机制上彼此不相同或者不相近，就不能结合在一起长出新的植株。而植物亲缘关系越近，亲和力就越强，例如苹果嫁接沙果、核桃楸嫁接核桃等。

1957年后，袁隆平了解到了孟德尔、摩尔根近代遗传学说的新发展。在西方发达国家，孟德尔、摩尔根的遗传学理论已经在生产上得到了应用，在小麦、玉米、油菜和棉花等作物上都取得了显著的效果，但在培育优质、高产品种水稻等方面的研究却停滞不前。1960年，袁隆平把研究目标从红薯转向水稻。他先开展了水稻直播田间试验，将水稻种子撒播到田里面，不经过传统的育秧和移栽的过程，让种子在田里直接成秧、成长、抽穗、成熟。尽管试验田每亩比育秧移栽的稻田增产45～50千克，但对于人口众多的中国来说，这个产量是不够的。

俗话说"施肥不如勤换种"，增产最需要的是优良的种子。通常新品种选育主要采用传统的"一穗传"方法，也叫系统选育法或纯系育种法：在现有的品种中，选出符合育种目标性状的优良单株穗子，每个穗子的后代形成一个独立的群体株系，然后经过多年连续试验种植，不断选优除劣，提纯复壮，最终培育成符合目标性状要求的新品种。但是这种方法存在选育周期长，以及

结果有偶然性、随机性的缺点，满足不了农民对优良种子的迫切需求。袁隆平知道，只有培育出高产而且稳定的水稻种子，才是提高产量最经济、最有效的办法。于是，他把研究目标锁定在培育优质水稻种子技术上。

取得优良种子最好的方法是杂交育种，也就是用农作物的不同品种进行杂交，在杂交后代中择优培育，产出优良、稳定的品种，得到优良的种子。杂交品种在长势、品质、产量、生命力、抗逆性、适应性和繁殖力等方面都优于雌雄双亲。这种提高农作物产量和品质的技术基础是孟德尔、摩尔根的遗传学，世界各国的主要作物品种大多采用此法育成。

知识拓展

水稻杂交育种的困难之处，在于水稻是自花授粉植物，也就是雌雄同花，一旦它的谷粒颖壳开花，就已经在壳内完成了授粉过程，且水稻的花器小，每朵花只结一粒种子。因此，用人工去雄的方式进行水稻杂交无法实现大规模生产。如果需要进行少量谷粒的水稻杂交，就必须在颖壳开花前进行人工去雄，从而阻断颖内授粉。但这种方法在大田生产过程中是不可能完成的。所以，当时很多专家认为，杂交水稻没有优势，"谁说要搞水稻杂交，就是对水稻的无知"。

但一切并非绝对，自然界偶然也会出现水稻变异株，只是概率极小。袁隆平坚信，只要坚持，一定能找到变异株。在一种自身就是雄性不育（或称花粉败育）的水稻植株中，选取两个在遗传上有一定差异，同时它们的优良性状又能互补的水稻品种进行杂交，这样就能培育出具有杂种优势的第一代杂交品种。它们的后代，凭借不同品种的优势，会变得更优质。水稻天然杂交虽然只有万分之一的可能性，一旦成功，就有机会实现产量倍增。

　　袁隆平下定了决心。他从当时农业育种的有效方法中选择了系统选育方法，在水稻抽穗到成熟期间，到田里找寻优良品种。他在偌大的稻田里一株一株地寻找，尽管阳光炙烤，空气闷热，他却完全不顾汗水沾湿了头发，手被拉出了血口子……功夫不负有心人，1961年夏天，袁隆平终于找到了一株优异的变异稻株！这株水稻的稻穗颗粒圆润、饱满，数一数，竟有230粒，是普通稻穗的2倍！

　　袁隆平十分兴奋，他将其命名为"鹤立鸡群"，满怀希望地将这些稻子作为种子播种下去，期待亩产倍增。结果却大失所望：长出的稻株高的高、矮的矮，穗子大的大、小的小，完全不像"鹤立鸡群"。

　　翻书查阅资料后，他才明白，这是植物的性状分离现象，就是杂交后代中，同时出现显性性状和隐性性状的现象。举个例子，父母血型为A型和B型，所生两个孩子里，一个是A型，另一个却是与父母完全不同的O型，这是抱错孩子了吗？当然不是，这是因为A型和B型为显性基因，O型为隐性基因，孩子遗传到了父母身上没有显现出来的隐性基因。

　　这次育种以失败告终，袁隆平却在失败中看到了希望：育种实验完全符合孟德尔分离定律，这证明杂交

水稻的研究方向是正确的。袁隆平坚信只要有"鹤立鸡群"这样一株天然的杂交水稻的存在，就有培育出"人工杂交水稻"的可能。如果可以人工培育杂交水稻，我们的粮食产量将会大幅增加。

1970年11月23日，是杂交水稻研发史上一个特别的日子。袁隆平的助手李必湖和技术员冯克珊在寻觅野生稻的路上，发现了一种极为罕见的花粉败育型野生稻，其生长面积大约为200平方米。经袁隆平镜检确认，其与试验田里不育株的花粉镜检情况一样，袁隆平当即把它命名为"野败"。

利用"野败"进行了2年试验后，杂交水稻育种工作取得了重大进展：雄性不育性可以100％遗传，也就是说它们的后代都是雄性不育株。"野败"是所有杂交稻种的母本，所有的杂交水稻都有这株"野败"的基因。

有了"野败"的雄性不育后代，突破了水稻自花授粉的天性，袁隆平设计出了整套培育杂交水稻的方案：利用雄性不育株的杂种优势，通过培育不育系、培育保持系和培育恢复系3个步骤，以及三系配套，完成杂交水稻的培育。

第一步，培育不育系。在几万株水稻中找到基因异常的水稻，如"野败"。这些水稻的雌蕊正常，而雄

蕊的发育退化或败育，不能自花授粉。

第二步，培育保持系。寻找一种非常特殊的水稻，这种水稻可以给没有花粉的雄蕊授粉，也可以使它的这个特性得到全面的保持，也就是说，播种后获得的后代100%保持雄蕊没有花粉的特点。

第三步，培育恢复系。找到另一种水稻与雄蕊没有花粉的保持系水稻结合，得到穗大、谷多、颗粒饱满、能增产的杂交水稻种子，即恢复系水稻种子。恢复系水稻种子的雄蕊、雌蕊全部发育正常，恢复自花授粉，并且保持优良水稻的特性，符合大田生产的要求。经过几次杂交后，它们的基因也更加优秀，产量更高。

"野败"的出现成为突破三系配套的关键，使利用水稻杂交优势增加粮食产量的研究取得了突破性进展。袁隆平的设想成为现实，这就是震惊世界的"三系法杂交水稻"。这一步，袁隆平走了10余年。

杂交水稻的大规模推广主要是利用水稻雄性不育系作为遗传工具。

水稻雄性不育系

水稻雄性不育系是一种特殊类型的水稻。在其自身的花器官中，雄性器官发育不良，不能形成正常的花粉，而雌性器官发育良好，所以它不能自行繁殖，需要借助外来的水稻花粉才能结籽。

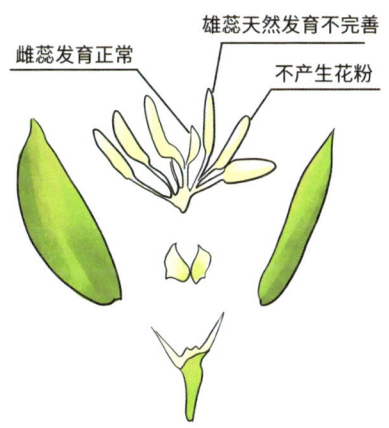

当水稻雄性不育系与水稻雄性不育恢复系（前者接受后者的花粉）杂交后，播种的下一代就是一般意义上的杂交水稻种子。如果用雄性不育的水稻与其他品种杂交的子一代作为种子继续种植，其优良性状会逐渐衰退，这是自然界的普遍现象。因此想大规模长期种植，就需要不断培育不育系水稻。

如果能筛选出一个品种，让它与雄性不育系杂交，子代仍然能够保持雄性不育的特征，这样的品种就叫作保持系。

不育系与保持系杂交并不能获得具有杂交优势的种子。为了得到具有杂交优势的种子，还需要一个品种与

不育系杂交后，能够产生雄性可育的特征，使其能够自花授粉，获得具有杂交优势的种子用于生产，这样的品种称为"恢复系"。

这就是三系杂交法。不育系与保持系杂交得到更多不育系，不育系与恢复系杂交得到用于生产的种子子一代，保持系、恢复系各自自交获得保持系和恢复系。这样通过不育系、保持系、恢复系3个品种配合，形成一套稳定生产种子的杂交系统，用来大规模种植生产。

其中，保持系与不育系杂交，获得的不育系种子供来年制种和繁殖用；不育系与恢复系杂交，获得的杂交水稻种子供下季大田生产用；保持系与恢复系的自交种子则可继续作为保持系和恢复系用。

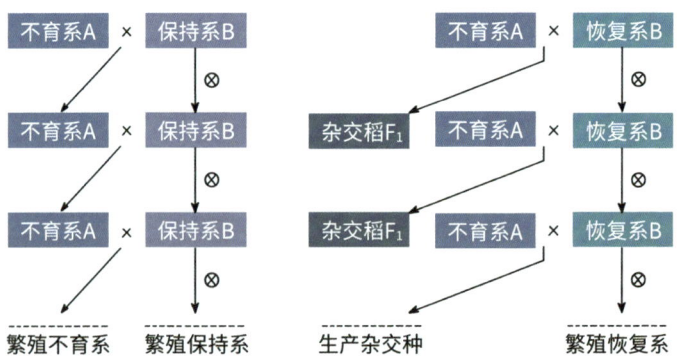

三系法杂交水稻系统

奇特的光温敏不育——两系法杂交水稻

虽然在三系法杂交水稻研究方面已经取得了重大突破，但袁隆平并没有止步于三系法杂交水稻，为了找到更先进的方法，他带领团队利用光温敏不育系水稻为基本材料，研究两系法杂交水稻技术。

1987年7月16日，李必湖的助手邓华凤在袁隆平的两系法杂交水稻理论指导下，在安江农校的试验田里发现了第一株光温敏不育株。

1988年，湖南省科学技术委员会在怀化对邓华凤的两系不育材料进行了鉴定，与会专家一致认定该不育材料完全达到了两用光温敏不育系的各项标准，袁隆平高兴地将它正式命名为"安农S-1"。

知识拓展

动物界和植物界，都有因光照和温度而影响繁殖的情况。例如，鳄鱼的性别是由孵化时的温度决定的。温度高，会孵化出雄性小鳄鱼；温度低，会孵化出雌性小鳄鱼。植物界也是如此，例如光温敏不育系水稻的生育能力就是随着光照和温度的变化而变化的。在夏季日照长、温度高的条件下，这种水稻表现为雄性不育，这时所有正常水稻品种都能与其生产杂交种子，这个种子就是两系法杂交水稻的种子；而在秋季日照短、温度低的条件下，这种光温敏不育系水稻又变成了正常的水稻。这种杂交方法由于只有不育系（母本）和恢复系（父本），不需要保持系（中间体），所以被称为"两系法"。两系稻比三系稻的品质更优，产量更高。

"茫茫稻海"相遇不再靠运气——第三代超级水稻

虽然袁隆平在杂交水稻的研究上取得了巨大的技术进步，但两代杂交水稻都存在缺陷。第一代的"三系法"水稻育种所需的恢复系、保持系材料难以获得，导致配组受到极大限制。第二代的"两系法"水稻配组自由度较第一代大大提高，但非常容易受生长环境和气候的影响。

"第三代技术是以遗传工程雄性不育系为遗传工具的。可以说，它让杂交水稻实现了真正'婚姻自由'。"湖南杂交水稻研究中心研究员、第三代杂交水稻项目主持人李新奇用了一个特别形象的比喻对此进行解释：利用第一代技术培育出一个优秀的杂交水稻新品种，就好像在成千上万个水稻材料中，只有A和B才适合"结婚"，而B还藏在"茫茫稻海"中，若要相遇，不仅需要耗费很大的精力，还需要很多运气。到了第二代技术，A可以和其他所有水稻进行杂交，虽然选择面大大提高，但无法保证后代的优良。而第三代技术不再只为A服务，它让所有的水稻在理论上都能找到适合自己的"另一半"，并产生优良后代。

袁隆平表示，第三代杂交水稻不仅兼有三系法的育性稳定和两系的配组自由的优点，同时还克服了三系法不育系配组受限，两系不育系可能因天气原因导致制种失败和繁殖产量低的缺点，在任何地区、任何时候都是稳定不育的，制种和繁殖都非常简便。

科学贡献

在20世纪40年代，中国还有很多人吃不饱饭。我国虽然拥有960多万平方千米的辽阔国土，但真正可用的耕地面积却不多，仅为印度的2/3，占世界可耕地面积的7%，要用这7%的面积养活世界22%的人口，放在哪个国家都是个世纪难题。

面对这个难题，袁隆平和他的团队毅然站了出来，他用自己的行动告诉了世界：中国人有能力养活中国人！在20世纪70年代时，袁隆平发明的杂交水稻已经达到亩产500千克。这相比以前的水稻亩产量，已经迈上了一个很大的台阶。可是袁隆平并不满足，他仍然带领团队不断攻关。1973年10月，在第二次全国杂交水稻科研协作会议上，袁隆平代表湖南省水稻雄性不育系研究协作组发表了《利用"野败"选育"三系"的进展》一文，并正式宣布中国籼型杂交水稻"三系"已配套成功。这一成果的发表说明了我国仅用3年时间，就成功实现了杂交水稻的三系配套，标志着我国水稻杂种优势利用研究取得了重大突破。

1974年秋，第一批强优组合表现出很大的增产优势：普通水稻亩产只有200多千克，杂交水稻亩产一般能超过500千克，不少试验田甚至超过了650千克。1975年，袁隆平攻克"制种关"，研究出一整套生产杂交水稻种子的制种技术。自1976年推广以来，杂交水稻种植面积累计达到90亿亩，累计增产稻谷8 000多亿千克，创造了世界级的奇迹。

2000年建成的超级水稻示范田，实现了亩产700千克。截至2019年，我国杂交水稻种植面积超过1 700万公顷，占全国水稻总面积的50％，仅每年增产的粮食就可养活7 000万人。自从袁隆平发明杂交水稻后，在国家的大力推广下，全国90％以上的水稻要么是袁隆平发明的杂交水稻，要么就是杂交水稻的变种。换句话说，我们吃下的每一口米饭，几乎都与袁隆平的贡献相关。

袁隆平不断推动杂交水稻技术的进步，提高团队的创新能力，积极参与中国杂交水稻的推广工作。在他的带领下，中国杂交水稻事业取得了重大的突破。他不仅是技术上的带头人，更是精神上的楷模。他的敬业精神、创新精神、团队合作精神，都值得我们好好学习。

20世纪80年代，他带领"863"项目组开展攻关，提倡团结协作，他没有把政府的科研经费作为自己的研

究专款，而是组织起全国的协作单位共同研究、共同分享。他还将所获联合国教科文组织颁发的科学奖和世界粮食奖等奖金全部捐献出来，设立奖励基金，奖励为科研作出贡献的农业科技工作者们。

袁隆平不仅致力于解决中国粮食问题，而且长期关注世界粮食安全。在他眼中，杂交水稻研究成果既属于中国，也属于全世界。他把"发展杂交水稻，造福世界人民"作为毕生的追求，并为之作出了极大努力。2019年9月29日，中华人民共和国国家勋章和国家荣誉称号颁授仪式在人民大会堂隆重举行。鉴于袁隆平的突出贡献，习近平主席亲自向袁隆平颁授了"共和国勋章"。

作为"杂交水稻之父"，袁隆平念念不忘的是与水稻相关的3个梦想。水稻亩产超过1 000千克，保障我国粮食安全，是他的第一个梦想；让杂交水稻走出国门、走向世界，为解决人类饥荒作出贡献，是他的第二个梦想；他的第三个梦想，就是希望在我国的盐碱地上种出高产水稻。

2021年5月22日，把全部精力都奉献给了杂交水稻事业的袁隆平永远离开了我们。袁隆平经常跟人说起他曾经做过的一个梦：他梦见了田里的水稻长得像高粱一样高，稻穗像扫帚一样长，颗粒像玉米一样大；他梦见了自己和助手们走累了，就在稻子下面聊天、乘凉。

　　袁隆平"禾下乘凉"的梦想，激励着青少年努力学习科学技术，练好本领，像他一样为人类美好生活、为中华民族的伟大复兴而奋斗！

吴文俊

数学大师中的老顽童

科学家简介

吴文俊（1919－2017年）

著名数学家

中国科学院院士

2000年度国家最高科学技术奖获得者

获陈嘉庚数理科学奖，被授予"人民科学家"国家荣誉称号

编号第7683号的小行星被命名为"吴文俊星"

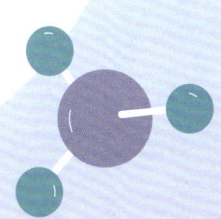

　　吴文俊是数学界一位特别有趣的大师，美国人工智能协会主席布莱索说他是"独自使中国在人工智能领域进入国际领先地位的传奇人物"。但吴文俊非常谦虚，他说"我不是天才，数学是笨人学的"。

🌱 科学发现

开辟拓扑学新天地

　　1、2、3、4、5、6、7……这些普通人看来再平凡不过的数字，在吴文俊眼中却十分美妙，值得用一辈子来探究。1946年，在数学家陈省身的指引下，吴文俊追了一次"新潮"，研究起当时学术界最前沿的拓扑学，到数学水平全世界一流的法国留学。

　　拓扑学被称为"现代数学的女王"，也是出了名的"难学"，而吴文俊仅学习拓扑1年，便将拓扑学大师惠特尼提出的"乘积公式"证明出来。他发表了一系列开创性成果，引发了拓扑学界的"大地震"。面对数学界的泰斗级人物霍普夫对他研究成果的质疑，当时才28岁的吴文俊，面对权威，胸有成竹，用学识征服了众人。霍普夫非常认可这位智慧的年轻人，邀请他去瑞士讲学。

1950年，吴文俊将拓扑示性类概念化繁为简，他的示性类和示嵌类研究被国际数学界称为"吴公式""吴示性类""吴示嵌类"，大大推动了拓扑学的发展。他为拓扑学开辟了新天地，令国际数学界瞩目。

> **拓扑结构**
>
> 所谓"拓扑"，就是把实体抽象成与其大小、形状无关的"点"，把连接实体的线路抽象成"线"，进而以图的形式来表示这些点与线之间关系的方法。其目的在于研究这些点、线之间的相连关系。这种表示点和线之间关系的图被称为"拓扑结构图"。

拓扑结构与几何结构属于两个不同的数学概念。在几何结构中，点、线之间的位置关系是重点，几何结构就是点与线的构成形状及大小，如梯形、正方形、平行四边形及圆都属于不同的几何结构。但从拓扑结构的角度去看，由于正方形、圆的点线间连接关系相同，具有相同的拓扑结构，这种结构即环型拓扑。也就是说，不同的几何结构可能具有相同的拓扑结构。

计算机网络就是拓扑结构，把计算机、通信处理机等终端设备设想成点，把连接这些设备的通信线路设想成线，那么由这些点和线所构成的拓扑称为"网络拓扑结构"。

网络拓扑结构对于网络的性能、可靠性、构建难度与管理成本等都有着非常重要的影响。在计算机网络拓扑结构设计中常见的有总线型拓扑、星型拓扑、环型拓扑、树型拓扑和网状型拓扑等。

知识拓展

总线型拓扑

总线型拓扑也被称为"线性总线型拓扑"，使用一根电缆连接所有的节点，主线缆充当整个网络的主干，网络中的一台计算机充当计算机服务器，。

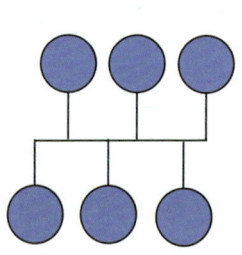

星型拓扑

在星型拓扑中，所有计算机都在集线器的帮助

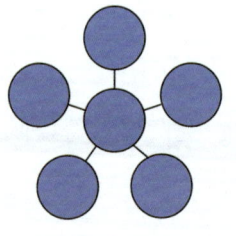

下连接，中心的机器被称为"中心节点"，所有其他节点都与该中心节点连接。

环型拓扑

在这种拓扑中，每台设备正好有两台相邻设备用于通信，之所以被称为"环型拓扑"，因为它的形状类似于环。

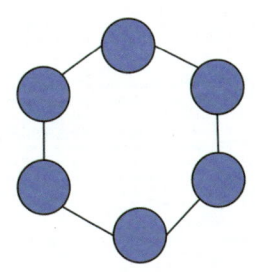

树型拓扑

树型拓扑是一种非常常见的网络，类似于总线型拓扑和星型拓扑。

树型拓扑有一个根节点，由根节点引生子节点，每个子节点可再引生出分支的子节点，因此，它也称为"分层拓扑"。

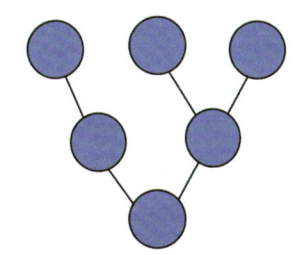

网状型拓扑

在网状型拓扑中，网络上的每台计算机相互连接，所有设备之间建立点对点连接，提供高级别的冗余，因此即使一条链路出现故障，数据也可以通过另一条路径到达目的地。

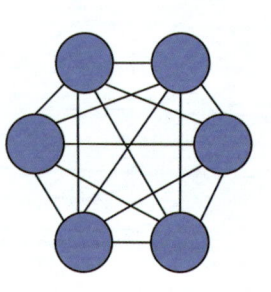

"吴方法"——数学机械化

数学是研究数量关系和形体性质的科学。"数"与"形"在现实世界中无处不在，因此，数学是自然科学的基础，是高新技术的基础，甚至是工程建设的基础。数学可以化难为易，把奥妙变为常识，为各类问题的解决提供框架。

一直以来，谈及古代数学必说阿基米德、欧几里得，而中国古代数学的辉煌一直被学界忽视。一次偶然的机会，吴文俊关注到中国古代数学，他发现古代数学的思维方法十分适合研究计算机数学。在接下来的20多年里，他在中国古代数学的基础上，发明了数学机械化，又称"吴方法"，并满怀热情地推广数学机械化研究。

知识拓展

　　数学机械化指的是将数学推理过程转化为一系列机械化的步骤，通过符号、图形等形式进行直观表示，并通过逻辑关系严格规范化。数学公理化则是通过抽象定义、推理和定理证明的方式对数学成果进行严密描述和理解。而人工智能是研究、开发用于模拟、延伸和扩展人的智能的理论、方法、技术及应用系统的一门技术科学。数学机械化与数学公理化在数学研究中具有重要意义，它们为人工智能提供了理论基础和工具支持，促进了人工智能技术的发展和应用。同时，人工智能的发展也推动了数学机械化与数学公理化的深入研究，为数学领域的发展提供了新的思路和方法。

　　那么，"吴方法"是如何实现的呢？

　　（1）将几何问题代数化，把给定的几何条件翻译

成多项式方程，将几何结论翻译成多项式。

（2）用伪除方法将条件多项式变换成三角列形式。

（3）用三角列中的多项式伪除结论多项式，如果余式不为0，则命题不成立。

（4）检查非退化条件，如果满足非退化条件（所有初式的乘积不为零），则结论多项式由条件多项式生成。

再让我们来看看"吴方法"的诸多应用领域，如求解多项式方程组、证明初等几何定理、进行参数样条曲面隐式化、曲面拼接、机构设计、求解代数几何问题、路径规划、计算机视觉、机器人、生成数控机床加工方案等高技术领域核心问题。将逻辑推理、公式推导、方程求解、定理证明等大部分数学工作交给计算机，人们就可以把宝贵的脑力劳动用在不能或暂时不能机械化的工作，去更高效地进行创造性的数学思考。

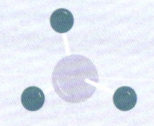

小故事

数学机械化的成功，来源于一个偶然的机会。由于当时社会开始关注古代的文化知识，时任中国科学院数学研究所副所长关肇直出了个主意：研究中国古代数学。原本对古代数学没什么关注的吴文俊，借阅了《九章算术》《四元玉鉴》等书。就这样他从好奇，到逐渐被古人的数学智慧和成就调动起来研究热情。经过大量阅读和复原古人的演算，他得出了以下结论：中国古代数学的道路与西方公理化体系的数学道路并不一样，其中蕴含着独特的机械化思想；数学机械化思想贯穿于中国传统数学，是我国古代数学的精髓。

中国古代数学的算法思想启发了吴文俊，他提出，如今计算机科学被认为是算法的科学，以算法为核心结合机械化思想，既传统又前瞻，将在信息时代数学科学的创新方面发挥重大作用。在他看来，"数学机械化"在21世纪的价值会越来越宝贵，是古代中国人留给现代社会的一笔财富。就这样，年近花甲的吴文俊再次赶起

了"新潮"，开始学习计算机编程语言。

不过这个"新潮"可是让他下了好一番"笨功夫"。那时计算机编程语言更新换代很快，通常好不容易学会一种编程语言，马上就被淘汰了，他只好反复学习最新的编程语言。当时他没有自己的计算机，每天一早就去中科院数学研究所的机房排队上机，一学就是10个小时，从单指打字，到双手自如，吴文俊不畏寒暑，从不间断，对学习新知识充满激情，面对困难和非议也不言放弃。作为数学机械化研究第一人，他被同行认为走上了数学研究的歧途，但吴文俊并没有受到干扰，10年潜心钻研，成功开拓了数学机械化这一全新的数学领域。"吴方法"深远地影响了人工智能的研究与发展。美国人工智能协会主席布莱索赞扬吴文俊是"独自使中国在人工智能领域进入国际领先地位的传奇人物"。

振兴中国古代数学史

吴文俊以花甲之龄，投身于中国数学史研究，他把刘徽在《九章算术注》中的割圆术用计算机语言翻译过来，形成了一个计算圆周率精确值的程序。他先把初等几何定理的证明机械化，又推广到将初等微分几何中的一些主要的证明机械化，然后他又把机器证明的范围推广到非欧几何、仿射几何、圆几何、线几何、球几何等领域。吴文俊认为，中国古代数学是算法化的数学，中国数学史研究的新思路与新方法为他开辟了数学机械化。在他看来，计算机科学研究的是算法，是中国古代所谓的"术"，计算机科学说穿了就是算法的科学。

现代科技高速发展的今天，"算法"已不是高深的科学名词。掏出手机，打开软件规划导航路径、叫外卖、打网约车、自拍时打开美颜效果等都离不开"算法"的加持。

20世纪40年代计算机诞生以后，历经信息革命，脑力劳动机械化，人工智能应运而生，产生了机器翻译、机器看病、机器推理、机器下棋等应用。而吴文俊院士对中国数学史的研究，极大地鼓舞了中国人的文化自信。

🍋 科学贡献

吴文俊是我国颇具国际影响力的数学家之一，他在拓扑学和数学机械化领域成果卓著，他对数学的核心领域——拓扑学的发展作出了重大贡献。吴文俊化繁为简、化难为易，提出"吴示性类""吴公式"等理论，

对纤维丛示性类的研究作出了划时代的贡献，开创了数学机械化新领域。吴文俊提出用计算机证明几何定理的"吴方法"，开辟了近代数学史上第一个由中国人原创的新研究领域。

他的理论对数学与人工智能研究影响深远，被国外同行称为计算机代数和符号计算领域一位"真正的巨人"。此外，吴文俊还对自动推理、机器证明、代数几何、中国数学史、对策论等数学分支领域有杰出贡献。

吴文俊在从事研究工作中信奉的理念和坚持的路线是：提出问题、分析问题和解决问题。他认为，"真正的学习是要靠自学的"。在攻克难题的过程中，他不但有勇气，更有能力。

以机器证明为例，他提出了有别于国际上已有方法的不同方法，这套新的方法理论上要完善，算法上要实现，这对于年近60岁的吴文俊来说可谓任务艰巨。他后来说："当时失败的可能性当然是很大的，失败会产生什么样的结果我没有去想，我确定的是我不会放弃。因为我知道这个方向是有重大意义的。"其人工智能的研究成果已经被行业广泛接受，而机器证明则是人工智能研究的重要内容。

吴文俊"一辈子就是在做学问，一心一意做学

问"。他有两个突出特点：一是非常勤奋、刻苦；二是非常放得开，为人豁达，不受私利困扰。

为纪念吴文俊的贡献，经国际天文学联合会小天体命名委员会批准，第7683号的小行星被命名为"吴文俊星"。从此，伴随着吴文俊的璀璨成果，"吴文俊星"长存于浩瀚的夜空中。

王 选

让中文排版印刷走上现代之路

科学家简介

王选（1937—2006年）

计算机文字信息处理专家，计算机汉字激光照排技术创始人

中国科学院院士、中国工程院院士

2001年度国家最高科学技术奖获得者

获毕昇印刷奖，被授予"改革先锋"称号并获"改革先锋奖章"，2019年被评选为"最美奋斗者"

科学发现

告别铅与火，迎来光与电

王选为中国科技自主创新作出了重大贡献，他带领团队成功地研制出了汉字激光照排系统，这是计算机文字信息处理领域的重大创新。汉字激光照排系统的研制成功，实现了汉字印刷的自动化和高效化，完成了"告别铅与火，迎来光与电"的革命性变革。

在此之前，汉字印刷主要采用传统的铅字排版方式，效率低下且劳动强度高。王选和他的团队通过深入研究激光技术和计算机控制技术，成功地将激光技术应用于汉字印刷领域，实现了汉字的高效、精确排版和印刷。这一研究不仅提高了汉字印刷的速度和质量，而且降低了印刷成本，推动了我国出版业和印刷业的发展。同时，汉字激光照排系统的成功研制也为计算机文字信息处理技术的发展开辟了新的方向，为后来的电子出版、数字出版的发展奠定了基础。这不仅推动了汉字信息处理技术的发展，也提高了我国在国际科技领域的地位和声誉。他的科学家精神和创新思维也为后来的科研人员提供了宝贵的启示和借鉴。

设计新型计算机"红旗机"

在计算机技术刚刚起步的年代，我国面临着技术落后、资源匮乏的困境。王选和他的团队决心研制一台具有自主知识产权的计算机，以打破国外技术封锁。他们面临的第一个技术难题就是如何设计计算机的硬件和软件，以及如何保证计算机的稳定性和高效性。

1958年10月，王选投入到对新型计算机"红旗机"的设计工作中，开始了他一生中工作"最狂热"的阶段。他一直秉持逻辑缜密、计算准确、审核严格的科研作风，从而能做到少出错甚至不出错。王选一直在思考，累加器是运算器的主体部件，怎样设计才能使加减乘除和逻辑运算都在累加器中实现？电路的组合与进位链的设计显得尤为重要，怎样设计可以使运算速度大大加快，使设备得到简化？

小故事

王选尝试采用两位一乘的办法，就是一次计算不是一位一位地乘，而是两位一起乘，一起参加运算，因此乘法速度比常规办法提高了1倍。执行加减法的时候，也不是加完以后再移一位，而是把加法和移位合在一步进行。另外，他提出一个成组进位的方法，即把原来一位位串联进位的方法改成四位一组，成组进位。再比如，采用存储进位来提高速度。存储进位以前就有，并不是王选发明的，但他用在"红旗机"上的方法有一个特色，就是绕过了一个延迟时间最长的线路。在进位过程中，会遇到一个整形电路，这个整形电路比别的电路慢得多，怎样避开这个影响进位速度的重大障碍呢？为了攻克这些难题，王选带领团队进行了大量的尝试和探索，反复推敲计算机的设计方案，不断优化硬件结构和软件算法。

正是由于多思多想，王选团队成功研发出了具有自主知识产权的芯片和电路板，他们创新性地采用了模块化设计，使得计算机的维护和升级变得更加方便。

1960年五一节前的几天，"红旗机"总调开始，关键的总决战终于打响。王选和同事们全神贯注，通力合作。终于，激动人心的时刻到来了，5月1日下午4点42分，机房内控制器的信号灯不断地发出指令，四十位运算器的氖气灯不停地闪烁，"红旗机"迅速地算出了第一道题目——一个十次多项式的结果，接着又试算了几道题目，均准确无误。王选和同事们欢呼起来，"红旗机""活"了！向往了18个月的美梦终于实现了！

20岁出头的王选在设计和调试"红旗机"中展示出的"拼命三郎"精神感动了同事们，从那时起，王选被公认为教研室中"脑子最灵活、记忆力最好、工作起来最玩命的年轻人"。

"红旗机"的成功研制为下一阶段的研究奠定了坚实的基础。于是王选带领团队继续深入研究计算机技术，不断推出更加先进、更加实用的计算机产品。他们的研究成果在国内产生了广泛的影响，为我国的计算机产业发展奠定了坚实的基础。

开发汉字数字储存技术

在计算机技术日益成熟的同时，汉字处理成为王选团队准备攻克的又一个难题。汉字的数字化储存和传输是一个巨大的挑战，因为汉字不同于拉丁字母，它有着复杂的结构和庞大的数量。如何实现高效、稳定的汉字数字化储存，原原本本地把所有汉字完整的数字化点阵存到计算机里，成为他们亟待解决的问题

汉字字形信息量大，其数字化是多年来横亘在科学家面前难以逾越的鸿沟，王选也不例外。王选拿出字典，琢磨每个汉字的笔画，慢慢地，他发现：汉字虽然繁多，但每个汉字都可以拆分成横、竖、折等规则笔画，以及撇、捺、点、钩等不规则笔画。他想，是不是先想办法对这些笔画进行统计，看看能否选出若干典型笔画供整套字合用，再研究怎样用较少的信息描述笔画？

王选拿着一张张字模稿，像着了魔似地反复分析着：用什么方法既能减少存储量，又能保证字形在变大、变小后的质量？这时，王选的数学专业背景发挥了意想不到的作用，他首先想到的是用"轮廓"描述汉字字形。

然而，在进行文字缩放试验时，王选发现，横、竖、折这类规则笔画，本来笔画粗细相同，如果单纯用轮廓表示，其在变大或变小后却可能粗细不匀，怎样才能保证笔画匀称？可否对这些笔画进行特殊设计？

为了攻克这一难题，王选带领团队进行了深入的研究。他们在统计后发现，要想实现高效储存，必须采用一种合理的储存结构，而汉字的数字化储存需要先解决编码问题。

早期的汉字编码方式存在很多缺陷，比如编码效率低下、无法覆盖所有汉字等，且汉字中规则笔画的比例占了近一半，一套七八千字的字模可能会包含几万个横和几万个竖，但分类后可能就只有十几个类型的横和竖了。经过反复研究，一个绝妙的设计在王选脑海中形成了：可以用参数方法描述规则笔画。把笔画的长度、宽度、起笔笔锋、收笔笔锋、转折笔锋（后来称为横肩、竖头、竖尾等）及笔画的起始位置等用参数编号表示，其余撇、捺、钩、点等不规则笔画仍然用轮廓表示，这样不但可以保证字模变倍时横、竖、折等笔画的匀称，解决文字变倍后的质量问题，还可以使信息进一步地压缩。由于可以实现不失真的变倍，不必把所有字号的压缩信息都存到计算机里去，只需选其中一两种有代表性的字号，放大或缩小来变出其他各种字号，这样就能达到更高的压缩倍数。经过反复试验和比较，他们最终决定采用"位图储存"的方式来解决汉字储存的问题。

光字的4种字体

王选不停地统计和计算着，遇到问题就与团队讨论，他们把压缩信息拿到计算机上进行各种模拟试验后惊喜地发现，这种"轮廓加参数"的压缩信息表示法，实现了信息最大限度的压缩，从而使计算机存储汉字的问题迎刃而解。后来，他们又设计了压缩信息的紧凑形式，试着用黑体、宋体、仿宋体、楷体4种字体的10种字号，以及长宋、扁宋、长黑、扁黑等点阵的总存储量与压缩后的存储量相比，发现总体压缩倍数达500多倍！王选带领团队深入研究，最终研发出了如

GB2312、GBK等更加高效、全面的汉字编码方案。

更独特的是，王选用参数这一附加信息来描述横宽、竖宽，以控制字形变大或者变小时敏感部分的质量，实现了字形变倍和变形时的高度保真。

位图储存是一种将汉字的每一个笔画都转换成二进制数据的方式进行储存的方法，这种方法可以大大减少储存空间，提高储存效率。王选团队还针对汉字的识别、检索等问题进行了一系列的技术攻关。他们设计了一种基于特征提取的汉字识别方法，使得汉字的自动识别变得更加准确和高效。此外，他们还研究了如何实现汉字的快速检索，使得用户能够更加方便地查找和使用汉字，这项发明在1975年时属世界首创，比国外足足早了10年。

汉字的储存还需要解决与操作系统的兼容问题。在不同的操作系统中，汉字的显示和储存方式可能存在差异，这给汉字的跨平台应用带来了很大的困难。王选带领团队与各大操作系统厂商合作，共同推动了汉字在操作系统中的标准化和兼容性。汉字数字化储存技术的成功开发，为下一阶段的研究提供了新的方向。王选带领团队继续深入研究汉字处理技术，不断推出更先进、更实用的汉字处理产品。他们的研究成果在国内产生了深

远的影响，为我国的汉字处理发展提供了有力的支持。

深入探索——研制汉字激光照排系统

虽然新型计算机和汉字数字化储存技术的成功研制为汉字处理提供了有力的支持，但在汉字印刷方面仍然存在着巨大的挑战。传统的印刷方式不仅效率低下，而且难以保证印刷质量。为了解决这一问题，王选决定带领团队研制一种新型的汉字激光照排系统。他想，如果把现在的一路光改成四路光在滚筒上平行扫描，速度不就可以提高4倍了吗？但是这要求字形轮廓信息在填充时就按四路平行扫描的要求进行处理和缓冲，且输出和移位均按四路平行扫描的要求设计。王选知道，四路平行扫描的主要困难不在于控制器，而在于光学系统。但对这一领域，他一窍不通，怎么办呢？

办法总比问题多！王选马上想到了激光输出设备专家张合义，他特别擅长光学系统的研制。对激光技术进行了深入研究后，他们发现，激光具有高精度、高效率的特点，非常适合用于汉字的印刷。在此基础上，他们开始研究如何将激光技术与汉字处理相结合。

又是一轮头脑风暴。王选和他的团队尝试用挑选试读字模压缩信息发送至磁鼓、取一行字模压缩信息发

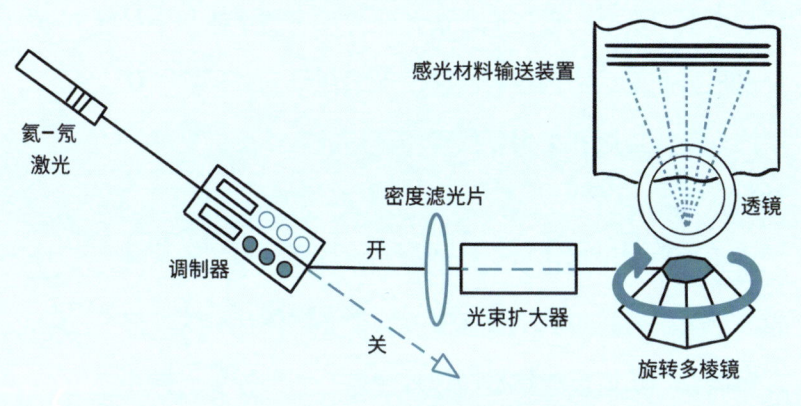

感光材料输送装置

氦－氖
激光

密度滤光片

开

调制器

关

透镜

光束扩大器

旋转多棱镜

汉字激光照排原理图

送至磁芯存储器，以及分段生成字形点阵、边生成边输出到照排机的方法，实现了小内存存放大版面。经过反复试验和改进，王选团队设计出了基于激光照射的汉字印刷方案。他们利用计算机控制激光束的照射位置和强度，在感光材料上形成精确的汉字图像。这一方案不仅大幅提高了印刷速度和质量，还可以实现汉字的自动化排版和编辑。

然而，又一困难摆在大家面前：10多万行的程序全部用汇编语言写成，没有显示器，没有软盘，只能用纸带输入。于是，王选团队针对汉字的字体、字号、排版等问题进行了一系列的技术攻关。他们设计了一种基于数学模型的汉字字形生成方法，使得汉字的字体和字号可以根据需要灵活调整；同时，他们还研究并实现了汉字的自动化排版和编辑，使得印刷品的制作变得更加简单和高效。

王选根据上述构思设计的激光照排控制器是汉字激光照排系统的核心，从将文字和图形、图像合一处理的方向出发，发展成为栅格图像处理器（即解释版面描述信息并产生字形点阵和图形、图像点阵的设备，英文为raster image processor，缩写为RIP）。至此，汉字激光照排系统的总体设计方案基本形成。

知识拓展

欧美国家从铅排印刷过渡到激光照排用了三四十年时间，其间经历了第一代手动式照排机（1946年）、第二代光学机械式照排机（1951年）、第三代阴极射线管式照排机（1965年）的兴衰，到1976年英国蒙纳公司的激光照排机问世，1986年才开始推广应用。王选于1976年提出直接研制第四代激光照排系统，1985年开始投入使用，使我国出版印刷业从铅排印刷直接跨入激

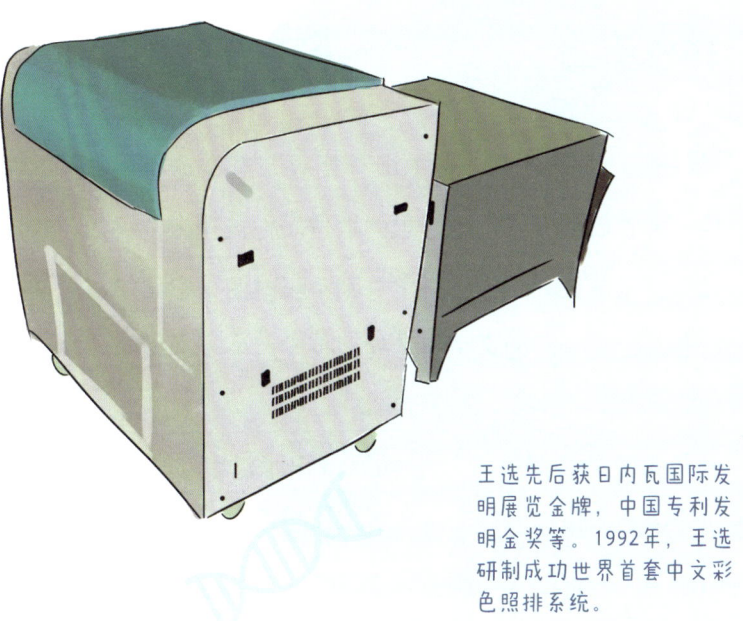

王选先后获日内瓦国际发
明展览金牌，中国专利发
明金奖等。1992年，王选
研制成功世界首套中文彩
色照排系统。

光照排，一步跨越了欧美国家走过的40年！这
一系统的出现，实现了印刷行业的自动化生产方
式，提升了排版技术水平，同时还大幅提高了印
刷和编辑效率。这一技术的成功应用，为中国印
刷行业带来了巨大的变革和发展机遇。

科学贡献

"王选"这个名字，在中国科技界乃至全球印刷与信息技术领域都有着举足轻重的地位。他被誉为"汉字激光照排系统之父"，其科学贡献不仅改变了中国的印刷行业，也对全球的文字信息处理技术产生了深远的影响。

其最重要的贡献在于他成功研制出了汉字激光照排系统。这是一项划时代的科技成果，它彻底颠覆了传统的印刷工艺，将汉字印刷带入了一个全新的时代，它使得印刷成本大幅度降低，推动了报业和印刷业的快速发展。

其次，王选的这一科学贡献推动了计算机文字信息处理技术的进步。汉字激光照排系统的成功研制，为计算机直接控制印刷过程提供了可能，实现了文字信息的快速、准确传输。这为后来的电子出版、数字出版等新技术的发展奠定了基础，推动了整个行业的技术进步。同时，在汉字激光照排系统的研制过程中，因为对许多前沿的计算机技术和控制技术进行攻关，这些经验和成果也为其他领域的技术进步提供了新的思路和方向。

此外，王选的科学贡献还在于他始终坚持自主创新，推动了中国科技事业的发展。他的创新精神和科研态度，为后来的科研人员提供了宝贵的启示和借鉴。同时，王选还积极参与国际科技交流与合作，推动了中国科技事业与世界接轨，提高了中国的国际地位。

黄 昆

晶体里原子"舞蹈"的奥秘

科学家简介

黄昆（1919－2005年）

著名固体物理、半导体物理学专家，教育家

中国科学院院士

2001年度国家最高科学技术奖获得者

获陈嘉庚数理科学奖，被授予"全国五一劳动奖章"

编号第48636号的小行星被命名为"黄昆星"

我们日常使用的智能电子设备，以及汽车等，都跟芯片息息相关。芯片就是由半导体材料制成的集成电路，在计算机、手机和其他电子设备中执行数据处理、存储和通信任务。中国科学院有这样一位院士，他是我国半导体技术的奠基人，是他让中国有了第一批晶体管元器件，他就是中国半导体学界的"一代宗师"，国际著名物理学家、中国固体物理学和半导体物理学奠基人之一，中国半导体事业的开山鼻祖——黄昆院士。我国著名学者周培源先生说过，按照20世纪60年代初的技术水平，我国的半导体技术并不落后于日本，能够有这样的水平和结果，离不开黄昆院士的努力。

科学发现

研究晶体原子振动的晶格动力学

晶格动力学

晶格动力学，其实就是研究晶体里的原子是怎么"跳舞"的，主要是观察晶体里的原子在平衡点附近如何振动，以及这些振动对晶体物理性质的影响。晶体就是那些有规则几何外形的固体，比如我们常见的岩盐、石英、冰等。这些晶体都是由原子、离子或者分子结合而成，并按照特定的规则在三维空间里排列，形成了晶格。

提到晶体你会想到什么呢？是不是美丽的雪花、晶莹剔透的水晶？其实我们人类就生活在被晶体包围的世界里。建筑材料含有晶体，铺设道路的砂石是晶体，糖和盐是晶体，布料是纤维晶体，珍珠、宝石更是高价值的晶体。通过深入了解晶体的结构和性质，我们可以更好地理解自然界的奥秘，为人类社会的发展提供更多可能性。

如果我们把晶体比作一台机器，那么原子、离子或分子就像是机器里的各个零件，而晶格动力学就像是在观察这些零件是如何在机器里运动的，以及它们的运动是如何影响机器的整体运作的。

在晶体学中，我们可以用不同的方式来表达晶体的结构。有时候，我们会把原子看作是分立分布的，有时候我们又会用连续分布的电子密度函数来描述它。比如，碳原子可以形成金刚石晶体，而钠原子和氯原子则可以先分别形成钠离子和氯离子，再结合成氯化钠晶体。晶体主要分为离子晶体、分子晶体、金

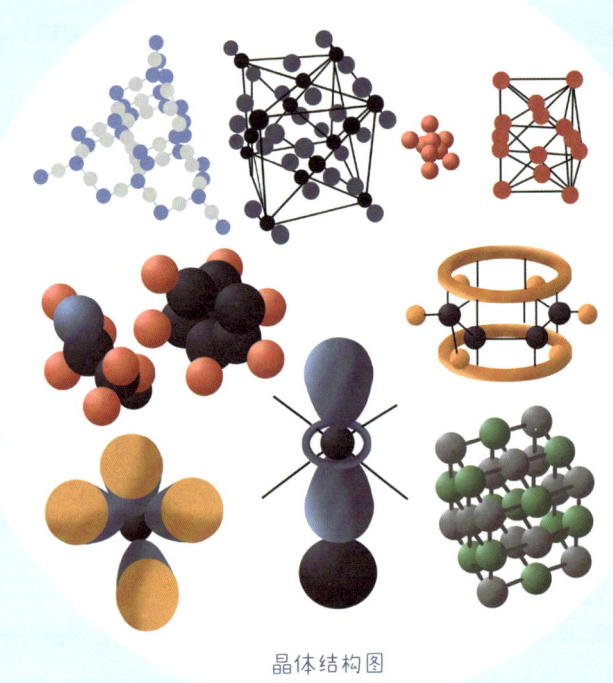

晶体结构图

属晶体和原子晶体。

　　离子晶体是阴离子和阳离子之间以离子键键合形成的晶体；原子晶体是原子之间以共价键相结合而形成的具空间网状结构的晶体；分子晶体由分子构成，相邻分子靠分子间的作用力相互吸引构成晶体；金属晶体是由金属原子以金属键堆垛排列形成的晶体。

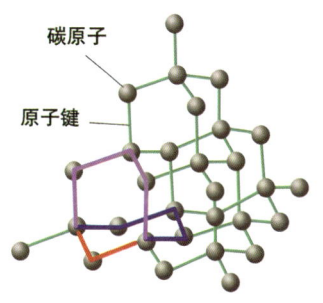

碳原子

原子键

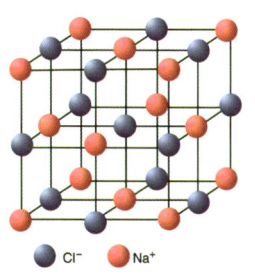

Cl⁻　Na⁺

金刚石晶体结构图　　　　氯化钠晶体结构图

知识拓展

　　1907年，爱因斯坦提出了一个新的理论。他认为，晶体里面的那些原子，如果总共有N个的话，那它们就有$3N$个各自独立的"自由度"。可以将每个自由度想象成都在用同一个频率"跳舞"，就像一群和谐的谐振子一样。爱因斯坦的这个理论还解释了为什么当温度降到接近绝对零度的时候，晶格里的原子振动产生的热量也会变得非常小，几乎为零。到了1912年，马克斯·玻恩（Max Born）和西奥多·冯·卡门（Theodore von Kármán）两位科学家发现，晶体里的原子振动其实会形成一些"格波"，而这些格波又可以分解成很多不同模式的"谐波"。这个发现为晶格动力学的发展打下了坚实的基础。

黄昆在20世纪50年代也提出了一系列关于离散晶格动力学的理论模型，并用这些模型来研究晶格的热传导性质。他知名的成果之一，就是创建了一个描述晶格振动的一维链模型，这个模型就像给晶体里的原子或分子拍了个"振动快照"，把它们在晶格上的振动状态展示得一清二楚。到了20世纪70年代，黄昆又开始琢磨离散晶格动力学是怎么过渡到连续状态的。他提出了一些新的理论模型和方法，想从微观的角度揭示介观尺度上晶格的热传导性质。他还用分子动力学模拟的方法进行探索，为理解离散晶格动力学向连续晶格动力学的过渡提供了全新的思路和方法。

黄昆方程

20世纪40年代，科学家们展开了对真实材料物理特性的理论研究。由于研究刚刚起步，大家都选择从相对好理解的离子晶体开始。那时候，黄昆院士和物理学家们都发现介电函数是个特别重要的物理量，它不仅能决定物质的电学特性，还能决定物质的光学特性。

黄昆方程是固体物理学里的一个重要的工具。这个方程能把光波和光学声子联系起来。它主要用来解释由正负离子组成的极性晶体或离子晶体的光学振动问题，也能

帮我们理解光与物质在非线性光学效应中是怎么互动的。

知识拓展

在可见光照射下，多数纯净的离子晶体都是透明的，但在光谱的红外区存在强烈的反射和吸收现象。这背后的原因与固体里一种叫作光学声子的晶格振动有密切关系。固体其实是由很多原子按照一定的方式组合起来的，这些原子相互作用，形成了一个超级大的多粒子系统。而晶格振动就是晶体里的原子或离子在它们平衡位置附近做的小小的振动。在离子晶体里，正负离子的相对振动会形成长光学波，而质心的振动则形成长声学波，所以稳定不动的固体从微观原子的角度来看是在振动的，只是微小到人感受不到。

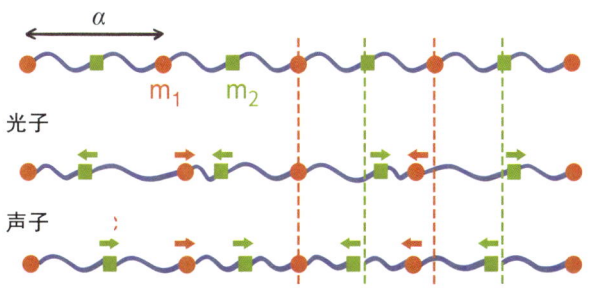

声子、光子模型

在非线性的介质里，当光变得特别强时，光和介质之间会相互影响，导致介质的极化强度发生变化，进而影响光的传播。黄昆方程考虑了光传播的速度和介质响应的速度，所以能描述光在介质里是怎么传播的，以及会产生哪些非线性光学效应。通过这个方程，我们得以研究光在非线性介质里的传播特性和非线性折射、非线性吸收等现象。这对于我们理解光与物质怎么相互影响、开发新的光学材料和器件十分重要。

黄昆方程还能描述声波在固体里是怎么传播的，以及晶体里的原子是怎么振动的。这个方程能告诉我们固体中声波的传播速度和传播方向等信息，对研究声波在固体中的传播特别有帮助。

小故事

黄昆从事科学研究有一个特点，他总是从具体的物理图像和基本原理出发，不会跟着别人的工作思路走，这也是他能成功地进行创新的重要原因。

美国著名物理学家伯恩斯坦（E.Burnstein）曾这样评价黄昆院士："他（黄昆）改变了我们

关于电磁波在晶体介质中传播的思维方式。"这里的介质不只是离子晶体，还包括所有光能在其中传播的介质。因为黄昆方程直接考虑了电场与偶极子的相互作用，所以它也能用于描述一切具有偶极矩的元激发与光波的相互作用。这个全新的物理图景彻底颠覆了我们之前认为光波是独立传播、不与元激发耦合的传统观念。这种思维方式的转变，在研究物理现象方面很重要。

黄昆方程还让我们对表示绝缘能力特性的介电常数 ε 有了更深入的理解。

黄-朱模型 多种多样的极化激元

1951年，黄昆院士发现电磁波或光子与横光学振动相互作用（耦合）会形成一种新的振动模式，即极化激元的准粒子。这是固体中一个全新的物理概念，它是一种存在于材料表界面上的电磁模式，能将光场压缩聚焦，因而可实现在纳米尺度上的光信息传输和处理。极化激元成为分析固体光学性质的基础，因此黄昆的工作在国际上被看作是极化激元领域里程碑式的工作。

虽然激子具有明显的色散特性，但原始的黄昆方程中并没有涵盖色散较小的光学声子的色散情况。不过，这并不影响我们把这个方程应用到包含色散的场景中。1977年，C. Weisbush等人在砷化镓中进行了布里渊散射实验，结果竟然与理论预测完全吻合，这进一步证明了极化激元理论的正确性。半导体中的激子也有偶极矩，它们也能形成极化激元，意味着半导体芯片能够实现纳米级信息传输，为计算机、汽车的"大脑"扩容。

知识拓展

极化激元理论还带出了一个有趣的现象：当某一频率的光进入固体后，在特定条件下会分化成两个传播速度不同的波，这种波被称作附加波。附加波引发了一个当时的研究热点，那就是附加边界条件问题。1988年，黄昆和朱邦芬两位科学家合作提出了"黄-朱模型"，成功解决了关于光学声子的色散在半导体超晶格中与电磁波相互耦合所产生的复杂现象，这个难题曾困扰了超晶格领域20多年。这一理论对现代光电子领

域产生了深远的影响，并推动了相关领域的飞速
发展。

在固体中，能与电磁波耦合的运动模式除了声子和
激子，在电偶极子被禁戒的情况下，磁偶极子等也可以
与电磁波形成极化激元。因此，我们可以看到各种各样
的极化激元，比如自旋波极化激元。"极化激元"这一
概念已经深入到物理学的众多领域，在等离激元、表面
等离激元与电磁波的耦合、光子晶体等方面得到扩展和
应用。

1972年，第一届极化激元国际学术会议在意大利召
开。虽然因为种种原因，黄昆没能亲自参加这次会议，
但他在1951年发表的文章却被收录进了会议文集。与会
者高度赞扬他21年前开创性的工作，称他为当之无愧的
极化激元理论开创者。毫不夸张地说，任何与物质的光
学性质相关的研究和技术应用，都或多或少与黄昆提出
的理论或方程有关。极化激元理论已经成为现代物理学
中一个不可或缺的组成部分。

流芳绝代的专著《晶格动力学理论》

1947年，黄昆开始在固体物理领域崭露头角，他的开创性理论研究还成功吸引了一位重量级物理大师——马克斯·玻恩的关注。玻恩先生是量子力学的奠基人之一，还曾获得过诺贝尔奖。玻恩觉得黄昆是个人才，就邀请他到爱丁堡大学当交流学者。他还把自己几十年前写好的晶格动力学手稿交给了黄昆，想让黄昆结合当时物理学的最新成果，按照这个提纲重写一遍。当时玻恩在学术界声名卓著，对年仅28岁的黄昆来说，能被这么有名的大师邀请合作，确实是一件幸运的事。

可是这事可没想象的那么简单。黄昆和玻恩在写书稿的过程中有了分歧。黄昆觉得建立物理模型很重要，这样读者就能更好地理解理论的精髓。他希望在书的前三章里，用一个简单明了的物理图像来解释晶格动力学里的基本问题。可是玻恩并不这么想，两人的治学风格不同，让这次颇具里程碑意义的合作面临着困难。不过，黄昆是个有毅力的人，他坚持自己的想法，据理力争，最后玻恩让步了，书稿按黄昆的建议编写，加上了三章引言。这次合作虽然出现一些波折，但最终取得了丰硕的成果。

1954年，二人合作编写的《晶格动力学理论》由牛津大学出版社出版，成为固体物理学这个分支学科里的基础理论著作。这本书非常严谨，将固体物理学里最基础、最重要的领域系统地进行了总结，还通过一系列的创新，完善和发展了这个领域，可以说是这个学科的第一本权威著作，也是这一领域的研究人员必读的参考书。1975年至2001年3月，《晶格动力学理论》的英文版被引用5 254次，俄文版被引用376次。

这本书在国际上也是公认的权威著作。事实证明，黄昆和玻恩两个人为了这本书争论了好久才加上的那三章，都是黄昆独到的见解，也确实成了最受读者喜欢的部分。玻恩在给这本书写的序里特意提到："这本书能写成现在这个样子，要归功于黄昆博士。"这位诺贝尔奖获得者还曾在写给爱因斯坦的信里说："现在书稿里的内容已经完全超越了我的理论，我能看懂年轻的黄昆以我们两个人的名义写的东西，就已经很满足了。"

科学贡献

黄昆院士主要从事固体物理学理论、半导体物理学等方面的研究，有多项开拓性的学术贡献。

一是20世纪50年代的"黄-佩卡尔理论"或"黄-里斯理论"。这是他首先提出的多声子的辐射和无辐射跃迁的量子理论。

二是1951年享誉国际的"黄方程"。黄昆首次提出晶体中声子和电磁波的耦合振荡模式，1963年被拉曼散射实验所证实，这个运动方程被称为"黄方程"。

三是黄昆从理论上预言了与晶格中杂质有关的X光漫射，被称为"黄漫射"。"黄漫射"能直接有效地研究固体中的微观缺陷。

四是提出了包括固体中杂质缺陷导致X射线漫射的理论，稀固溶体的X光漫散射理论和晶体光学振动的唯象方程，并预见了晶体光学声子和电磁场的耦合振动模式。

黄昆不仅仅在科学研究上立功建业，还心系教育，培养了很多科学人才。黄昆的学生中，甘子钊、秦国刚、夏建白、朱邦芬、王阳元当选为中国科学院院士。此外，他还建设了多个平台：1956年创办了我国第一个半导体专业，1963年主持建立北京大学物理系固体能谱研究室，1989年领导中国科学院半导体研究所成功组建了半导体超晶格国家重点实验室；主持本科生教学体系的创建工作，任半导体教研室主任，并著有《固体物理学》教材，先后开设了固体物理、半导体物理、半导体实验、半导体材料、晶体管电路、半导体器件等全面的半导体专业课程。1957—1958年，首批200多名半导体专业学生毕业，他们大多数已成为我国半导体和集成电路的科研骨干。学界因此也将这个专业称为"半导体的黄埔军校第一期"，意为其培养了中国信息产业的第一批人才。

有了黄昆院士示范引领，全国许多高校纷纷成立半导体专业，并建立研究所、半导体材料和器件生产车间，我国半导体学科、半导体技术的发展有了较大的飞跃。

黄昆深知技术人员学术水平的重要性，在完成国家任务的同时，还会亲自给研究人员讲课，组织全所科研人员开展学术交流。在他的主持下，科研人员针对国际上在超晶格理论领域存在的疑难问题重新开展了研究。1989年，在他的带领下，研究所成功组建了半导体超晶格国家重点实验室，开创了我国的材料科学和固体物理学等崭新领域。

黄昆院士对自己一生科学研究经历的总结非常值得我们借鉴学习："一是要学习知识，二是要创造知识。对做科学研究工作的人来讲，归根结底在于创造知识。"对于学习知识与创造知识，黄院士还从自己的切身经历和观察别人的经验教训中，归纳出两句名言："学习知识不是越多越好，越深越好，而是要服从于应用，要与自己驾驭知识的能力相匹配。""创造知识，就是要在科研工作中有所作为，真正做出点有价值的研究成果。为此，要做到3个'善于'，即要善于发现和提出问题，尤其是要提出在科学上有意义的问题；要善于提出模型或方法去解决问题，因为只提出问题而不去解决问题，所提问题就失去实际意义；还要善于作出最重要、最有意义的结论。"

2002年，黄昆获得了年度"感动中国"人物称号。颁奖词写道："他一生都在科学的世界里探求真谛，一生都在默默地传递着知识的薪火，面对名利的起落，他处之淡然。他不仅以自己严谨和勤奋的科学态度在科学的领域里为人类的进步作出卓越的贡献，更以淡泊名利和率真的人生态度诠释了一个科学家的人格本质。"

2005年7月6日，黄昆先生在北京逝世，享年86岁。黄昆的一生就像北京大学物理系师生在他70岁生日时送的那副对联里描述的那样："渡重洋，迎朝晖，心系祖国，傲视功名富贵如草芥；攀高峰，历磨难，志兴华夏，欣闻徒子徒孙尽栋梁。"这38个字，就是黄昆一生的写照。

金怡濂

让中国巨型机大发神威

科学家简介

金怡濂（1929年— ）

中国高性能计算机领域著名专家、中国巨型计算机事业开拓者

中国工程院院士

2002年度国家最高科学技术奖获得者

获国家科学技术进步奖特等奖

编号第100434号的小行星被命名为"金怡濂星"

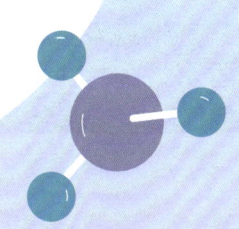

科学发现

在科学发现的过程中，金怡濂始终保持着敏锐的洞察力和前瞻性。他关注国际科技前沿动态，不断汲取新的知识和理念，并将这些新的思想和技术融入自己的科研工作中。这种开放的态度和前瞻性的视野使得他的科学发现始终保持着领先性和创新性。

意气风发，牢记重托走红场

1956年，我国决定选派20人赴苏联学习计算机技术，时年27岁、风华正茂的金怡濂幸运入选，从此，他与计算机事业便"缘定一生"。祖国的重托与早年的理

世界上第一台电子数字计算机ENIAC

想激励着他夜以继日，苦心钻研，发展中国的巨型计算机事业，使之在世界巨型机领域中占有一席之地，这也是金怡濂魂牵梦萦的追求。

大胆选择，迈进晶体管新时代

小故事

1958年底，金怡濂学成回国后，和他的团队一起着手研制我国第一台大型电子管计算机104机。104机的成功研制和运行，标志着我国计算机事业的起步，为我国提供了解决大量过去无法计算的经济和国防等领域难题的工具，填补了计算机科学技术方面的空白，成为我国计算机工业发展史上的里程碑。

104机在设计和运行过程中面临着多方面的挑战：首先，由于使用了大量电子管，机器的体积庞大且笨重，这不仅使得运输和安装变得困难，也增加了使用和维护的复杂性；其次，电子管需要大量电能并且会产生大量热量，为了确保机器的稳定运行，需要配置大量的散热设备和风

扇；此外，与后来的计算机相比，104机的运行速度较慢，且稳定性相对较差，这限制了其在处理大规模和高复杂度计算任务时的能力。

　　随着信息技术的快速发展，传统的电子管技术已无法满足日益增长的对计算机性能的需求。金怡濂敏锐地意识到这一变革，决心带领团队攻克难关，迈进晶体管的新时代。这是当时国际电子科技领域的热点和难点，

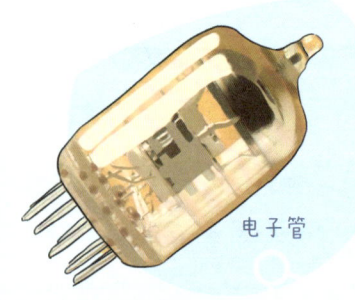

电子管

晶体管

需要团队在材料、工艺、设计等多个方面解决这些难题，对团队的技术实力和创新能力提出了极高的要求。

为了攻克这些技术难关，金怡濂带领团队进行了一系列尝试和探索。他们深入研究新型半导体材料的特性，探索其在晶体管制造中的应用潜力。同时，团队还积极研究纳米级制造工艺，通过不断试验和优化，逐渐掌握了这一关键技术。在晶体管结构的设计和优化方面，团队注重理论与实践相结合，通过模拟仿真和试验验证，不断优化晶体管的性能。此外，团队还针对散热问题进行了深入研究，开发出了一种高效散热技术，提高了晶体管的稳定性和可靠性。最终他们成功研发出了一种基于新型半导体材料的晶体管，具有更高的性能、更小的尺寸和更低的能耗。这一突破性的成果不仅在学术界引起了广泛关注，也为整个电子科技行业的发展带来了深远的影响。团队在纳米级制造工艺、晶体管结构优化设计及高效散热技术等方面也取得了重要进展，为我国晶体管的发展奠定了坚实的基础。

在取得关键突破后，金怡濂团队并没有停止前进的步伐。他们深知科技创新是永无止境的，于是开始规划下一阶段的研究方向和目标。团队继续深入研究新型半导体材料和纳米级制造工艺，以进一步提高晶体管的性能和稳定性。同时，他们还关注晶体管在实际应用中的表现，通过不懈的努力和探索，不断优化其设计，最终成功应用。

并行之路，跨巨型机三大步

随着国际计算机技术的飞速发展，高性能计算成为各国竞相追逐的科技制高点。而在这个领域，当时的中国还处于追赶阶段，为了缩小与国际先进水平的差距，国家决定立项研制巨型计算机。金怡濂作为计算机领域的资深专家，被委以重任，担任了项目的总设计师。研制巨型计算机是一项复杂而庞大的工程，涉及硬件、软件、体系结构等多个方面。当时905乙计算机所用的元件是上海冶金所研制的小规模集成电路，虽然都经过了严格检验，可靠性足够高，但是随着机器的规模越来越大，元件、部件的用量必然增加，该如何解决失效率等问题？

金怡濂和团队在立项之初就面临技术瓶颈：在硬件方面，他们需要解决高性能处理器、大容量存储器、高速总线等一系列关键技术的设计研发问题；而在软件方面，操作系统的开发、编译器的编写、应用软件的适配等也都是前所未有的挑战；同时，他们正面临着资源短缺的窘境，当时的中国在计算机领域缺乏先进的研发设备和资金支持，金怡濂和团队不得不依靠有限的资源，进行艰苦的技术研发攻关。

在研制过程中，金怡濂和团队经历了无数次的失败和挫折，而这些困难反而更加坚定了他们的信念和决心。他们坚信，一定能够成功研制出属于中国人自己的巨型计算机系统。

他们首先明确了巨型计算机的总体架构和性能指标，然后分工合作，分别攻克各个技术难关。在硬件方面，他们成功研制出了高性能的处理器和大容量寄存器，实现了数据的高速传输和处理。同时，他们还自主研发了高速总线技术，确保了系统各个部件之间的协同工作。在软件方面，他们自主开发了操作系统和编译器，为应用软件的开发提供了强大的支撑。此外，他们还优化了系统的软件、硬件，提高了系统的整体性能和稳定性。

金怡濂深知，要在国际竞争中立于不败之地，必须不断创新、合作。因此，他鼓励团队成员积极交流、互相学习，充分发挥各自的专长和优势。同时，他还积极寻求国际上的合作与交流，吸收和借鉴国际上的先进经验和技术成果。正是在这样的创新精神指导下，金怡

濂和团队不断取得突破性的进展。他们不仅攻克了一个又一个技术难题，还形成了一套完整的巨型计算机设计方法和技术体系。经过数年的艰苦努力和不懈奋斗，金怡濂和团队终于迎来了研制成功的喜讯：1983年底，我国第一台亿次巨型计算机系统——"银河-Ⅰ"在北京诞生。

"银河-Ⅰ"的研制成功，不仅填补了国内巨型计算机的空白，还为中国计算机事业的发展奠定了坚实的基础。它在国际上也引起了轰动，展示了中国在计算机

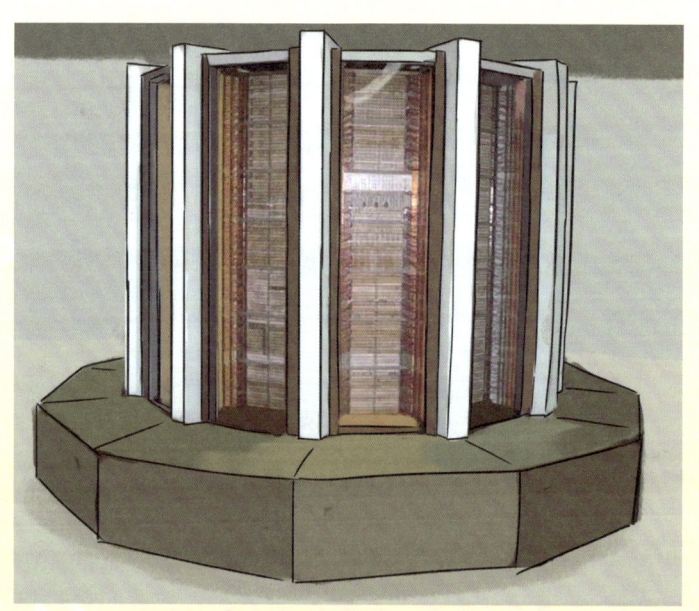

银河-Ⅰ

领域的实力和潜力，为中国赢得了国际社会的广泛赞誉和尊重。"银河-Ⅰ"的研制经验和技术成果也为后来的巨型计算机研制提供了宝贵的经验。从双机并行到群机并行，再到大规模并行，中国巨型计算机的研制在10年间迈出了三大步。

创新"神威"，勇立潮头领速度

20世纪90年代，巨型计算机研制纪录不断被刷新。金怡濂大胆设想：是否能够跨越每秒百亿次的水平，而直接研制每秒千亿次的巨型机？他提出了以平面格栅网为基础的"分布共享存储器大规模并行结构"总体思路，并进一步说明了自己的总体构想和依据。最终，金怡濂提出的研发千亿次机的建议被采纳。

小故事

当时科研条件简陋，国家的电子工业基础薄弱，一些元器件甚至是由玩具厂生产的，数以万计的组件需要依靠钳子、螺丝刀、电烙铁等工具一个一个手工组装。为了查询资料，金怡濂需要亲自跑到上海、北京等地，由于当时国外对我国搞技术封锁，大型计算机的研发全靠国内团队自主完成，这使得研制工作更加困难。

金怡濂主要负责硬件部分的设计，这意味着他需要自行设计、绘制大量的图纸，工作量巨大。尽管如此，他凭借深厚的专业知识和顽强的意志，成功完成了任务。金怡濂在国内首次提出了双机并行处理方案，并成功在巨型机中使用了发射极耦合逻辑电路，成为国内最先采用这种电路的人之一。这些创新举措不仅提高了巨型机的性能，也推动了我国计算机技术的发展。

1999年秋，在中华人民共和国成立50周年时，"神威"巨型机就像一位超级数学家，精准地计算出了复杂的天气数据；又像是拥有千里眼和顺风耳的神仙，能够预测未来的天气变化。工作人员把大量天气数据输入"神威"巨型机里，它就开始进行复杂的计算。没过多久，它就给出了未来几天的天气预报，而且证明非常准确，国家气象中心利用"神威"巨型机能精确完成极为复杂的中尺度数值天气预报。"神威"巨型机有着超级快的运算速度，每秒能进行上亿次的计算。它能够处理海量的数据，并给出精准的结果。"神威"巨型机展示了它的强大实力和精准计算能力，在中华人民共和国成立60周年以及澳门回归、北京奥运会等重大活动的气象保障中发挥了关键作用。

在"神威"进入世界超级计算机先进行列后，广大科研人员仍然没有丝毫懈怠。金怡濂带领他的团队向世界最先进水平发起了又一轮冲击——研发"神威Ⅱ"。

金怡濂预见到这种超大规模系统对散热有很高的要求，该如何把控、降低CPU的内部结温呢？他们准备做"第一个吃螃蟹的人"——研究液冷技术。

当时，液冷技术没有多少成功的经验可借鉴，传统

"神威"巨型机

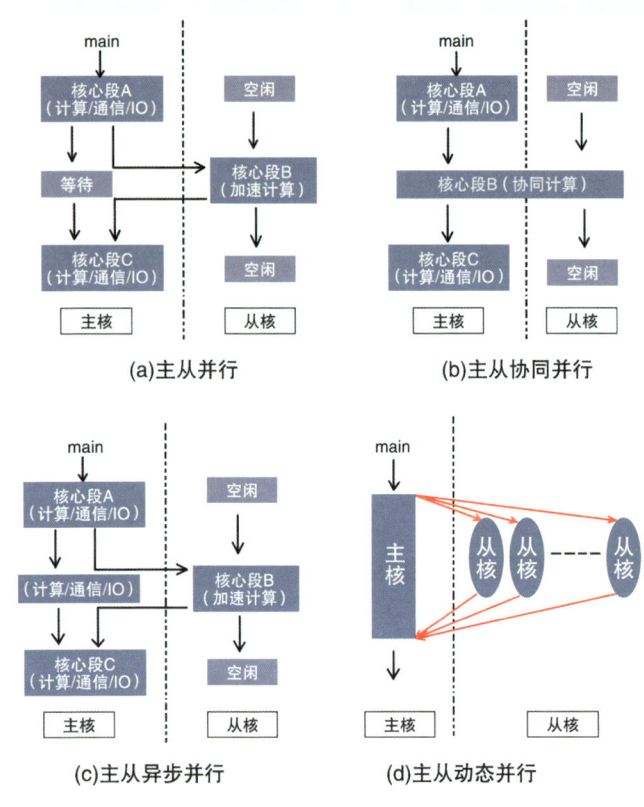

(a)主从并行　　　　　　　　(b)主从协同并行

(c)主从异步并行　　　　　　(d)主从动态并行

"神威·蓝光"超级计算机及其系统异构并行方法

的风冷散热在巨型计算机面前显得力不从心，而液冷技术虽然效率高，但实施起来却非常复杂。液体的选择、管道的设计、循环系统的建立等每一个细节都可能影响到整机的性能和稳定性。金怡濂和他的团队没有退缩，他们深入研究各种液体的导热性能，不断优化管道布局，亲手制作原型进行测试。他们经常白天进行试验，晚上分析数据，再根据结果调整方案。日复一日的努力，终于让他们找到了最合适的散热方案。

更难能可贵的是，金怡濂团队并没有满足于初步的成功，而是持续优化液冷系统，确保它既高效又安全。他们的努力最终让"神威Ⅱ"在保证了高性能的同时，也拥有了出色的散热效果，确保了整机的稳定运行。2011年，"神威Ⅱ"的各项关键技术均告突破，完美地解决了这项世界同行共同面对的难题。

2011年10月27日，"神威·蓝光"续写了"神威Ⅱ"的身后故事。2022年，"神威·蓝光"光荣退役，其第二代产品——"神威·蓝光Ⅱ"，在国家超级计算济南中心（高新区）的中心机房内高速运转。金怡濂十分坚定地支持自主研制，他的理由一如既往：花钱可以买来先进的芯片，但买不到先进的核心技术，我们团队年轻的科技工作人员不负众望，用智慧和心血挺举了"中国芯"！

🥭 科学贡献

金怡濂作为中国计算机科技领域的杰出代表，其科学贡献不仅在于技术的创新与突破，更在于他对中国计

算机事业发展产生的深远影响。

金怡濂在科学发现上最为人称道的成就，是他在"银河"系列巨型计算机研制过程中的突出贡献。作为项目负责人，他带领团队实现了从跟跑到领跑的转变，攻克了众多技术难关，成功研制出了具有自主知识产权的巨型计算机。在这一过程中，金怡濂不仅在硬件设计、系统集成等方面取得了重要突破，更在算法优化、并行处理等方面作出了独特的贡献，不仅提高了巨型计算机的性能和效率，也为后续的技术发展提供了宝贵的经验和启示。他被誉为"中国巨型计算机之父"。

金怡濂在计算机体系结构、并行算法、高性能计算等领域也有一系列重要的科学发现。他提出了多种创新的计算机体系结构设计思想，为后来的计算机系统设计提供了重要参考。同时，他在并行算法的研究中也取得了显著成果，为大规模并行计算提供了更高效、更稳定的方法。这些科学发现不仅推动了计算机技术的进步，也为相关领域的科学研究提供了有力支持。

此外，金怡濂还十分注重将科研成果转化为实际应用。他带领团队将巨型计算机成功应用于天气预报、石油勘探、航空航天等领域，取得了显著的社会效益和经济效益。这些应用不仅展示了计算机技术的巨大潜力，也为相关行业的发展提供了强有力的技术支持。

　　金怡濂积极倡导并践行科学精神的使命。他始终坚持自主创新与国际合作相结合的理念，将核心技术牢牢掌握在中国人自己手中。他坚定的科技强国思想、对自己和民族的信心以及坚持不懈、矢志创新的精神，都对科技工作者具有重要的指导意义，也对我们在工作和生活中追求卓越、实现自我价值具有重要的启示作用。

刘东生

揭开黄土生成的秘密

科学家简介

刘东生（1917－2008年）

地球环境科学研究领域专家、被誉为"黄土之父"

2003年度国家最高科学技术奖获得者

获泰勒环境成就奖、欧洲地球科学联合会洪堡奖章

编号58605号的小行星被命名为"刘东生星"

刘东生致力于对地球科学的钻研，将毕生精力奉献给祖国的科研工作。他创立了黄土学，将中国对第四纪的研究推向了世界前沿；他在不懈的野外勘探和研究分析中提出新理论，对科学界贡献卓著，成为我国第四纪研究的标杆。

自1954年起，刘东生便开始对黄土高原进行系统的考察研究，历经多年的深入考察和剖析，他提出了众多理论。

科学发现

黄土的新风成理论

黄色的土地覆盖了我国广阔的高原地带，成为地球上黄土沉积最为集中的区域。黄土质地松软疏散，极易受到流水的侵蚀，当奔腾汹涌的黄河流经黄土高原时，大量的黄土被裹挟，极易造成严重的水土流失和洪涝灾害。中华人民共和国成立后，为了更好地治理黄土高原水土流失问题，国家专门组建了黄河中游水土保持综合考察队，分为地质组、地貌组、植被组、气象组、水文组、林业组、农业组、牧业组、水土保持研究组和经济组。要解决水土流失的问题，就必须搞清楚黄土究竟从哪里来，有什么特性。作为考察队中地质组的领队，刘东生积极地展开了探索。

知识拓展

20世纪50年代初期，我国地质学科正处于发展的初始阶段。当时，来华进行协助工作的苏联地质专家帕夫林诺夫，以伏尔加河洪涝现象为基础，提出了关于黄土起源的"水成假说"。他认为，远古时期泛滥的洪水裹挟了大量泥沙并沉积下来，随后在水流与风力的共同作用下，逐步塑造了我们所见的宏伟黄土景观。

刘东生根据这个假说进行了推想：如果黄土是由洪水冲积而成，那么冲击下来的洪积物就应该主要局限于山前地带，而且分布较厚。随着水流速度减慢，距离山前越远，厚度就会越薄，洪积物的成分和地层结构也会相应发生变化。然而，刘东生在对黄土高原进行考察的过程中注意到，不管在哪个海拔高度，覆盖在地表上的黄土厚度都差不多，没有明显的厚度不均现象；另外，这些黄土主要是由单一的灰黄色粉砂颗

粒构成，其分布相当均匀且顺序井然，还具有鲜明的竖直方向的夹层特征。如果是洪水冲积而成的黄土，那么土层中的石沙和泥土就应该是大小不一、混合无序的，节理也应该呈水平状态。此外，在海拔2000米以上的太行山上也有黄土出现。如果真如帕夫林诺夫所说，那洪水得需要多大的力量、流速和频次，才能冲上太行山的山顶并最终留下痕迹呢？种种证据都表明，帕夫林诺夫的假说与实际情况并不相符。

19世纪，德国地理学家李希霍芬在黄土高原考察时曾经遭遇强沙尘暴，他根据此次经历提出了黄土的"风成假说"：千百年来，远方的尘土在西北风的作用下被吹到了这里，再经历漫长的地质年代，最终堆积成壮美广袤的黄土高原。由于李希霍芬只解释了黄土的原始物质是由风力搬运而来，并没有对搬运过程进行深入细致的研究，因此难以成为一种理论。刘东生要想在"风成说"上取得新进展，就必须拿出更有力的证据和更加全面严谨的科学解释。

小故事

　　为了揭开黄土高原的形成之谜，刘东生几乎走遍了黄土高原的每一个村落，寻找一切线索。在山西临县的黄河之滨，他偶遇了一位在田间耕作的老农。老农听说他在考察黄土，于是在北边的田里抓了一把黄土，又在相隔不远的南边田里抓了一把黄土，攥紧之后再把双手摊开，黄土呈现出完全不同的形态：北边的黄土形同散沙，而南边的黄土却被攥成了一团。老农告诉刘东生，北边的黄土粗沙子多，所以松散、不易成形；而南边的黄土颗粒较细，用力抓握后不易散开。

　　很多人都知道这个现象，但没有人追问过原因。当老农手中的黄土在空中纷纷扬扬散落时，刘东生灵感迸发：纵观整个黄土高原，只有一种力量能自北向南横贯每一个角落，那就是数百万年来呼号不绝的西北风。如果黄土颗粒从北到南粗细差异普遍存在，而且符合西北风的走向，那么，李希霍芬的"风成假说"就是合理的解释了。

理顺思路后，刘东生重新调整了黄土高原的科考方案：考察东西南北向的10条大剖面，全盘掌握黄土的情况。他率领考察团队，辗转甘肃、陕西、山西等地，历时近1年，行程数千千米，最终将从黄土高原10条大剖面采集来的几百份黄土样品带回了当时简陋的实验室中，并逐一进行实验研究。经过一系列烦琐的工序，他解开了黄土剖面图谱中蕴含的奥秘：黄土高原自西北向东南，黄土颗粒逐渐变细，并且不同地区黄土的性质有所不同，西北方向是含沙较多的沙黄土带，中部地区是黄土带，靠近东南的则是黏性很强的黏黄土带。

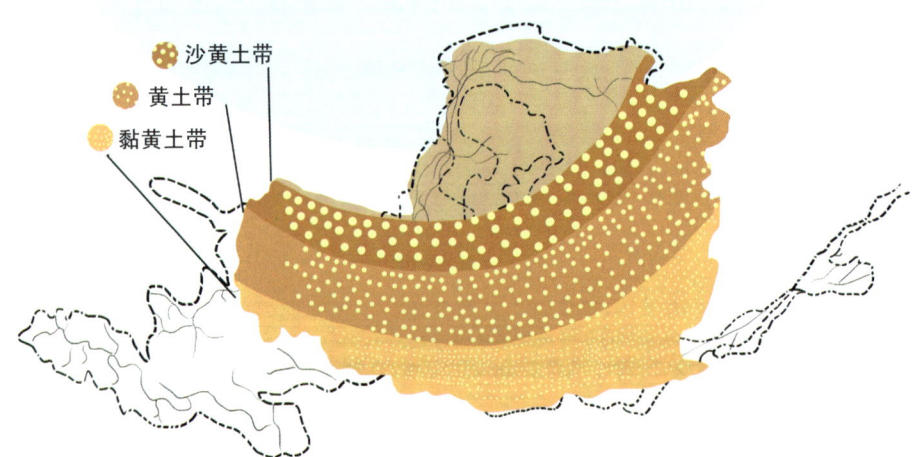

沙黄土带
黄土带
黏黄土带

不同地区黄土的性质不同

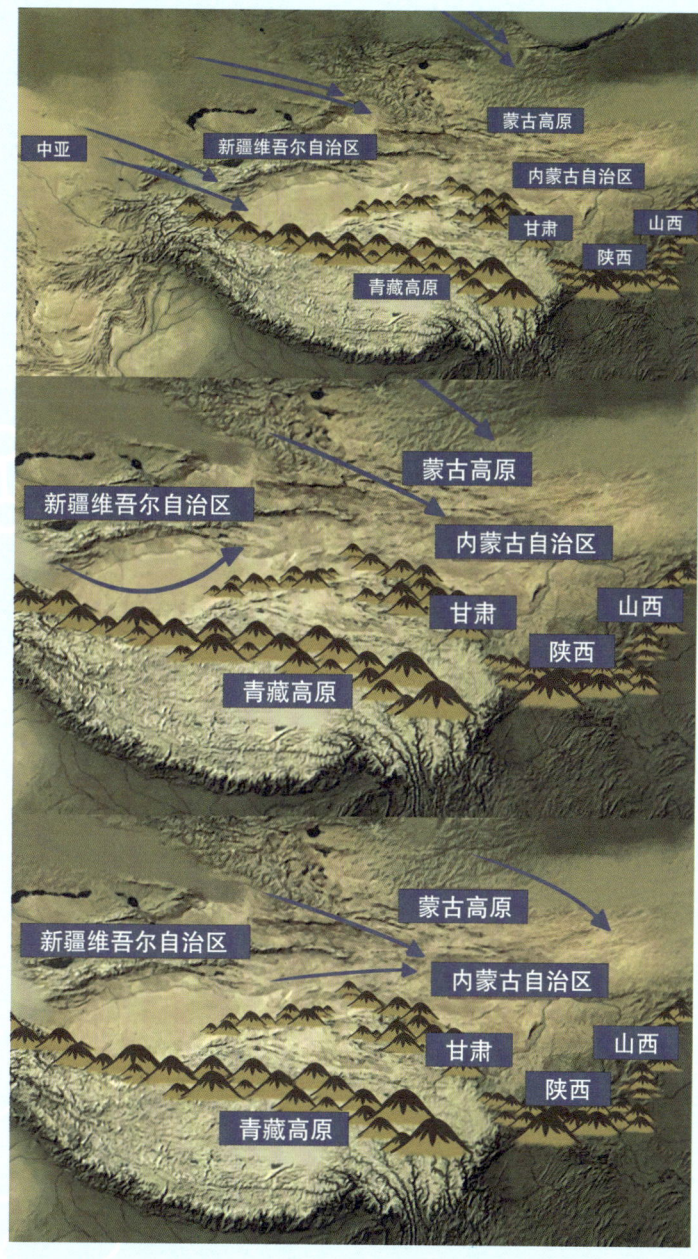

　　据此，刘东生画出了黄土原始物质搬运过程的完整路线图，并提出关于黄土起源的新说法——新风成理论。远古地质时期，猛烈的西北季风将中亚和蒙古地带的黄色粉尘源源不断地吹向东部，颗粒较大的粗沙留在了新疆和内蒙古，造就了广阔的沙漠与戈壁，而其余的粉尘物质随风继续南下，在途中被巍峨的青藏高原与秦岭山脉所阻，东面亦受太行山脉所限，最后只得在甘肃、陕西与山西一带降落。在风力衰减的过程中，较粗的粉尘颗粒首先落下，继而是中等颗粒，最后是细小的颗粒。因该地区雨量稀少，属于半干旱气候，有利于以粉砂为主体的沉积物长期保留，经过漫长的地质雕琢，最终铸就了壮观的黄土高原。

　　由于刘东生提出了一整套更完整的黄土风成理论，为了与李希霍芬早期的观点相区分，国际地质科学界将刘东生的风成理论称作"新风成理论"。该理论将风力沉积的效应从黄土高原顶部的黄土层向整个黄土序列拓展，并确定了"物源—搬运—沉积—沉积后变化"这一

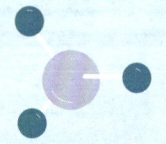

完整过程，突破了传统的第四纪四次冰期学说，并对其进行了深化和拓展，成为全球环境变化研究领域里一个里程碑式的转变，为环境变化中"多旋回理论"的提出和全球变化的深入研究打下了坚实的基础。

第四纪古环境演化的"多旋回理论"

刘东生擅长细心观察并捕捉微小线索，他犹如一名侦探，在剖析黄土的过程中对每一个细节都不放过。1954年8月，刘东生在三门峡附近的一个镇上考察第四纪地质情况时发现，该镇一条沟里的黄土中有一排排窑洞，洞顶黄土之下有一层红色条带，有的含土壤结核。后续的考察发现，黄土中都存在红、黄两种土壤颜色，而且在同一个黄土剖面上，红色条带与黄色条带交替叠覆。为什么黄土中会有规律地出现那么多红色条带？黄土剖面上黄色与红色土壤的叠覆是否隐藏着未被发现的秘密？

经过与土壤科学专家朱显谟交流，刘东生了解到，那些偏红色的黄土实际上源自远古地质时期的土壤。黄土变红这一颜色的转变，是因为黄土受到雨水的冲刷，造成黄土中的碳酸钙流失及含铁矿物质发生氧化反应。刘东生据此推测：红色土受到雨水淋洗，可能是在湿

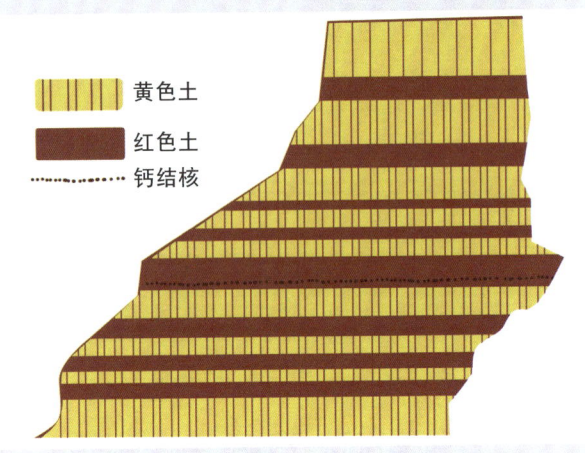

润的气候条件下堆积而成；黄色土没有受到雨水的淋洗，可能是在干燥的气候情况下形成的。这样的假设如果成立，是否意味着这两种土壤形成之时的气候环境不同呢？

遵循着这个逻辑，刘东生广泛翻阅了国内外有关红色条带的地质学著作，并搜集众多红土样本在实验室进行分析，其间在组内进行了深入交流。最终，刘东生在层层黄土中找到了一个线索，一种极易被人们忽略的微小动物——蜗牛。黄土高原的蜗牛大体可以归入两大生态类型：一种是干冷型（如华蜗牛），偏好寒冷且干燥的气候环境；另一种是湿暖型（如间齿螺），依赖于温暖且潮湿的环境繁衍生息。这些蜗牛的生活环境有着明显的差异，刘东生打算搜集并研究这两类蜗牛的化石资料，作为揭示当时气候环境状况的佐证。

于是，刘东生与其科研小组在黄土剖面依次沿新黄土至古土壤自上而下挖掘蜗牛化石。结果显示，古土壤层内保留了众多的湿暖型蜗牛化石，相对之下，黄色土层中则以干冷型的蜗牛化石为主。该发现有力证实了古土壤层对应的地史时期是暖湿环境，黄土层则是较为干冷的环境。在对结构保存完整的洛川黄土层次剖面进行深入研究和数值测定后，刘东生团队有了惊人的发现：同一个黄土剖面内，古土壤与黄土呈现的交替条纹竟然高达32条。刘东生据此提出了第四纪古环境演化的"多旋回理论"：在第四纪至少出现了32次气候冷暖变化。

此观点与国际地质学界长期以来广泛认可的"四次大冰期学说"存在冲突。当时，欧美地质科学圈普遍认同第四纪时期只经历了4次大范围的冰川活动。根据"四次大冰期学说"，形成于第四纪的黄土高原应该只有4次古土壤与黄土相互覆盖的地质迹象。

刘东生坚信自己的研究结论是正确的，但同时他心里也清楚，如此颠覆性的学术发现，现有的研究成果是不足以撼动经典理论的。他还需要更多和更确凿的

证据。

20多年后，刘东生通过对黄土古地磁和磁化率的研究，打造出了一把可以测算第四纪古气候演化的"中国黄土标尺"，证明第四纪古环境演化的"多旋回理论"是正确的。

第四纪古气候演化的"中国黄土标尺"

1981年，64岁的刘东生利用到国外做研究的机会，在瑞士联邦地质研究所开展了黄土古地磁和磁化率研究，引进物理、化学、生物等科学领域的新理论、新概念、新方法，结合古地磁技术来测定黄土的年龄。他还与瑞士科学家海勒教授合作，对从中国带去的100多份陕西洛川黄土剖面岩芯样品进行了长达1年的检测与分析。

研究数据表明：中国黄土记录了整个第四纪时期的古地磁极性变化，说明中国黄土形成于第四纪初期；测得的磁化率曲线清晰地反映了黄土和古土壤的峰谷变化，每个黄土层和古土壤层的旋回交替都有其具体的年代，均代表一次独立的气候环境。

该磁化率曲线证明：地球260万年以来的演变，不只发生了4次大的气候冷暖振荡，应该有更多次。刘东生用中国的黄土，打造了一把测算第四纪古气候演化的"中国黄土标尺"。

在科学界，如此重要的发现，往往需要另一把标尺与其进行比对，才能验证它的准确性。那么，和黄土具有同样宏观尺度的参照体系究竟在哪里呢？

剑桥大学的沙克尔顿教授采用深海钻探技术收集了大量海洋底部的有孔虫化石，并分析了它们的氧同位素含量，绘制出了对应的远古地质时期气候冷暖变化曲线，推翻了经典的"四次大冰期"学说。

知识拓展

生活在幽深海域的有孔虫，其壳体所蕴含的价值，如同土壤中的蜗牛壳一样，能反映宝贵的环境信息，因此有人将其誉为"大海里的小巨人"。在欧美科学领域，通过采用深海钻探技术从海床沉积层中提取这些有孔虫的化石，并对它进行氧同位素的分析，已成为揭开古代气候之谜的有效研究方法。20世纪60年代时，就有美国和英国的科研工作者利用氧同位素来研究第四纪气候变化。

刘东生在把黄土的磁化率曲线与沙克尔顿的氧同位素曲线进行对比时发现，这两条曲线完全吻合。也就是说，在遥远的大洋彼岸打造出的这把古气候演化标尺，与相隔万里的中国黄土剖面所反映的第四纪多旋回气候变化，产生了一种无声的呼应。

刘东生的这一重大发现代表了中国科学界发出的最强音，在以西方海洋文明为主导的国际地学界展现了傲人的风姿。他用孕育中国华夏文明的黄土开辟了陆地沉积物与海洋沉积物对比的先河。自此，黄土高原成为地质学家窥探远古气候环境变化的重要窗口，与极地冰芯和海洋沉积物岩芯并列成为研究全球气候环境变迁的三大支柱，组成了一个可以互相参照的标尺系统。

科学贡献

刘东生曾说，黄土地是我们祖祖辈辈繁衍生息的地方，它宛如一部庞大的地理典籍，蕴含着地球气候演变的诸多线索。它就像一把钥匙，能够解开无数的谜题。

他的一生始终倾注心力在我国黄土科学和第四纪科学的研究上。刘东生在中国第四纪地质学、古脊椎动物学、环境科学和环境地质学、青藏高原与极地考察等多个学科领域进行了广泛而深入的探索，特别是在黄土学的研究领域，产出了众多创新性成果，使中国在全球古环境变化研究领域中位居世界前列。

他带领科研团队在黄土高原上成功开展了10处地质剖面的调研工作，确立了从粉尘的搬运、沉积过程到后生演化的一套完整的新风成理论，平息了长达170余年关于黄土起源风蚀与水侵的争论，揭示了黄土生成的秘密，获得了学术界的广泛赞誉。

他发现黄土代表寒冷干旱气候，古土壤代表暖湿气候，在剖面上二者交替成层，反映了第四纪环境变化的多旋回特点。基于这一发现，他提出了第四纪古环境的"多旋回理论"，为古环境研究领域带来了划时代的改变，为全球性气候演变周期理念的形成奠定了坚实的基础。

他对整个黄土的系统研究是全球唯一完整的陆地沉积记录，可以与深海沉积物岩芯、极地冰芯的记录很好地对比，确立了一个全球环境演变的国际对比标准，使中国黄土剖面成为全球环境变化国际对比的三大标准之一。

作为高山科学探险考察的组织者和领导者，他提出了"青藏高原的隆起对自然环境及人类活动的影响"

这一新研究方向，将青藏高原和黄土高原的研究结合起来。此外，刘东生还在黄土高原水土保持与生态重建等方面作出了重要贡献。他目光长远，将原本仅限于地球固态岩石层面上寻求生态之解的方法，延伸至包括地球各个层面在内的地球圈，开辟了地球科学研究的新领域。

纵观20世纪全球环境变化科学，无论是60年代的多旋回理论，80年代的全球变化研究，还是90年代的地球系统理论，刘东生在这3次大的理论突破中都作出了重要贡献：多旋回理论，他是主要的奠基人；全球变化理论，他是国际对比标准的建立者；地球系统理论，他开辟了一个新的领域，为地球系统科学研究提供了成功范例。

刘东生不仅在诸多基础科学研究领域做出了卓越成就，在激励和培养我国年轻一代科学家方面也做出了不懈努力，他十分重视人才培养，言传身教地培养了大批科研人员，这些人现在已成为我国科研战线中的中坚力量。

王永志

让中国人的脚步迈进太空

科学家简介

王永志（1932－2024年）

中国航天技术专家、中国载人航天工程的开创者之一和学术技术带头人

中国工程院院士

2003年度国家最高科学技术奖获得者

获国家科学技术进步奖特等奖、"载人航天功勋科学家"荣誉称号

编号第46669号的小行星命名为"王永志星"

科学发现

　　王永志深入边远戈壁荒漠，投身于祖国的航天事业。在工作中，王永志显露其非凡的才华，为实现我国制定的"八年四弹"的长期战略规划作出了巨大贡献。他创造出了火箭研制史上的奇迹，研制了战略导弹、大推力捆绑式运载火箭，实现了中华民族飞天梦。

　　王永志作为关键的技术"支柱"，参与了我国首代战略导弹的开发研究。在这一过程中，他在中近程、中程及洲际导弹的研制上，为了提高射程和提升使用性能，攻克了众多技术难题。

逆向思维，泄燃料、增射程

　　1964年6月，王永志自苏联留学回国3年之后，便投身于我国的"东风二号"导弹发射工作中。在导弹试射前一天，由于气温过高引起推进剂体积膨胀，导致不能填充足够的燃料量。这样一来，导弹没有办法达到计划的射程。很多工程师提出来的方案都不能解决问题，发射陷入了僵局。"东风二号"导弹使用的氧化剂是液氧，燃料是酒精，氧化剂和燃料共同构成了火箭的推进剂。液氧受热后体积变化不大，但酒精受热后迅速膨胀，体积大增，造成二者的体积比发生了很大的变化。专家们都在考虑，怎样再给导弹肚子里多添加点推进剂，无奈导弹的燃料贮箱有限，再也"喂"不进去了，发射计划或要搁浅。

此时，王永志敏感的逆向思维能力和不畏艰难的精神发挥了作用，看着着急的总设计师和专家们，负责总体设计的他陷入沉思：要在高温情况下注入理论上所需的推进剂，就必须扩大燃料贮箱，但这显然是不可能的。推进剂的最佳配比是火箭飞行到预定速度时，燃料和氧化剂同时消耗完，这样就消除了火箭载重的废量，达到最大射程。推进剂的密度会随着温度升高而变小，密度变了，两种成分的配比相比原来设想条件下的配比会发生变化，发动机的节流特性也会随之发生变化。那么是不是可以从发动机的节流特性去考虑呢？经过一夜的反复思考和计算，并经同组的成员复核复算，他得出了自己认为最理想的结果：减少600千克的燃料，这枚导弹就能达到预定射程。

在第二天上午的讨论会上，他信心满满地报告了自己的解决办法，但是却无人赞同，有的专家甚至还提出反对意见：射程不够是导弹的能量不足，应该设法增加燃料，怎能减少呢？但王永志认为自己的思路正确，计算结果可信，是当前解决问题最现实的出路。为了顺利解决问题，他大胆地找到发射现场最高技术决策人钱学森院长，鼓起勇气向钱院长陈述了他关于"泄燃料、增射程"的解决方案。此时的钱学森也正为推进剂的升温问题苦思冥想，王永志的方案让他眼前一亮。最终，钱学森确认王永志的方案可行，并在新一轮的讨论会上做了最后决策道："就按王永志的方案办。"

1964年6月29日，我国成功发射了"东风二号"导弹，这象征着我国的导弹事业从此走上了自主研制的道路。钱学森也因此记住了这位敢想敢说的年轻科学家，后来当有人提起此事时，钱学森便称赞王永志有逆向思维。

勇于挑战，研制"长二捆"，发射"澳星"

1986年，王永志被正式任命为航天工业部第一研究院第六任院长。同年，国际航天界发生了一连串大事故：1月28日，美国"挑战者号"航天飞机机毁人亡；2月，马丁·玛丽埃塔公司为美国空军制造的"大力神"火箭爆炸；3月，麦道公司的"德尔塔"火箭由于过早熄火而自毁；5月，有着全球一半以上发射合同的欧空局在发射"阿里安"火箭时遭遇严重失败。这些事故使得欧美国家火箭运载能力短缺，当时美国休斯网络系统公司为澳大利亚制造了一颗大质量的商用卫星，正要对外进行发射招标。发射这颗称为"澳星"的卫星需要大推力火箭，这是中国争取挤进国际发射市场十分难得的契机。

知识拓展

　　大推力火箭是进军国际发射市场的必备硬件，当时的长征二号丙火箭近地轨道运载能力为2.4吨，尚未达到大推力运载火箭的标准。为了将中国的火箭打入国际发射市场，研究员黄作义提出了一个开拓性的想法：研制捆绑式火箭。王永志指导技术团队对整体方案进行了创新性设计，对原本的长征二号丙火箭进行改进，在其加长型火箭的基础上，在周围附加4个辅助推进器，且每个辅

CZ-2E
中国航天

矗立在发射架上的长征二号
捆绑式新型运载火箭

助推进器装备的都是与长征二号火箭同款的发动机。这样的设计显著增强了新型火箭的起飞推力和承载量，使其在近地轨道的运载能力飙升至9.2吨，有能力执行搭载大型人造卫星的任务，这使得中国的火箭技术得以站上国际舞台。这款新型火箭被命名为"长征二号E"（代号CZ-2E），也被称作"长二捆"。

1988年11月初，中国新建立的长城工业总公司与美国的休斯公司正式敲定了一份"澳星"发射协议。然而，合同条款极为严苛，美方坚持要在1990年6月30日之前成功发射1枚火箭，才能正式发射他们的卫星，如果中国方面未能按期完成，美方将终止合同，并索赔100万美元。

12月14日，中国运载火箭技术研究院开启了针对"澳星"发射的新型大推力长征二号捆绑式运载火箭的研制工作。此时，距离合同中约定的火箭首次发射试验的时间期限，只剩下18个月。

研制一种新型火箭所涉及的技术领域很多，一般需要四五年才能完成，现在却要在18个月内完成！王永志作为研究院院长、火箭总指挥和实验队队长，要顶住巨大的压力，包括以往没有承担过的技术风险、贷款研制的经济风险，以及一旦完不成合同，中国将在世界航天市场信用尽失的风险等。

1988年12月底，作为总指挥的王永志，与王德臣总设计师和于龙淮副总指挥共同制定了第一枚火箭的技术方案：尽量利用成熟技术，采用稳妥的设计方案；尽量减少投产数量，将静力试验箭、模样箭、振动箭、合练箭四箭合一，即1枚火箭先后完成4项任务；充分运用已有的研制经验，将模样、初样、试样3个研制合而为一，按并行工程原理实行设计、备料、生产、试验平行交叉作业等。为了保证按时完成，王永志细算18个月的分分秒秒，制定出翔实可靠的研制进度安排表。

王永志与王德臣、于龙淮等专家召集主要技术人员，共商解决空气动力学、火箭动力学、捆绑技术、纵向耦合振动分析、火箭级间分离结构等涉及诸多因素的捆绑技术理论问题，并探索如何攻克由此产生的众多技术难题。他们在办公室挂了一块小黑板，有想不通的问题马上写在上面，不解决就不擦除。每一个人都铆足了劲，争分夺秒地工作，每一个工作现场都是昼夜不停地连轴转。

火箭的捆绑和分离是研制的难点。发射时助推的小火箭要能够牢牢地捆绑在芯级四周，而在小火箭的燃料消耗完后，又要及时与芯级分离，因此火箭结构十分复杂，此前我国从未采用过。王永志和科研人员只在国外报刊上看过这种捆绑结构，至于如何制造，他们心中没有底。如果研发不合理，将导致火箭升空后不稳定甚至破损；若捆绑技术不过关，火箭会在空中"散花"或无法成功分离；只要捆绑的4个助推小火箭中任意1个不点火，火箭整体在升空后受到的推力不平衡，都会在半空"倒栽葱"。此外，卫星整流罩分离技术的攻关也不顺利。发射前一个半月，整流罩平推试验还没有成功。整流罩能否成功分离，成为决定能否如期发射的关键。

为了解决火箭的捆绑和分离的研制难点，王永志下决心启动备用方案。李福昌、刘竹生和张庆伟临危受命，迎难而上，与其他几位同志夜以继日，提出了新方案。张庆伟构建了推进器与芯级火箭分离的动力学模型，并在计算机上进行仿真研究，证实了方案的可行性。但这个理论上可行的方案，在制造时却被发现很难做到有效地"捆和离"。结构组副组长刘竹生为之昼思夜想，废寝忘食，一天深夜突然迸发灵感，马上叫醒同事谈了自己的想法，并制定了新方案。不到1个月，新方案的两轮试验都取得了圆满成功。由于当时还没有匹配的高速计算机，在对火箭进行耦合模态分析时，负责此项任务的研究人员朱礼文等不畏烦难，经过不懈的努力，奋战5个月，利用容量有限的微机进行大规模的计算，终于取得了精确的计算结果。

经粗略估算，研制"长二捆"期间，全员加班累计超过100万工时，有一次是24小时的两班倒接连干了39天。在此期间，完成了共24套超过44万张的设计图纸，攻克了逾120个技术难关，制造出5 000多套专用工具设备，并构建了几十个部段和超过10万个小部件。此外，300多次的大型地面试验证明了技术的可行性，全部难点经过不懈的努力被一一克服。

1990年6月29日，中国第一枚捆绑式火箭——"长二捆"火箭终于提前一天屹立在西昌卫星发射中心。在将44万多张设计蓝图转化为直冲云霄的火箭的过程中，科研人员历尽重重挑战与磨难，甚至牺牲。就在火箭发射前夕，因为传感器密封圈的失效导致有毒的推进剂泄漏，进入舱内的工人中毒了。王永志得知情况后立刻叫停了工作，但还是有一个工人最终牺牲了。

知识拓展

成功研发的"长二捆"火箭高达50米，以长征火箭家族中的长征二号C火箭为芯级，在一级箭体上并联4枚长15.3米、直径2.25米的液体助推器，卫星被封装在一个直径为4.2米、高达10.5米的流线型整流罩当中。火箭总起飞质量462吨，拥有600吨的发射推力，具备将9.2吨的有效载荷送入近地轨道的能力。

1990年7月16日9时40分，伴随着"点火""起飞"指令的发布，长征二号E大推力捆绑式火箭顺利升空，把"澳星"模拟星和巴基斯坦科学试验卫星送入预定轨道。这枚在短短一年半的时间内成功研发的大推力运载火箭，创造了世界运载火箭研制史上的奇迹。

"长二捆"火箭的研发成功具有划时代的意义，它标志着我国在捆绑式助推技术领域的首次飞跃。成功开发出第一套推进剂应用系统以及包括首个大型发射台在内的36个核心技术，对于未来火箭的技术开发具有引领和参考价值。这一任务显著促进了我国运载火箭向国际市场的推进，成为中国航天走向国际的标志性事件。

实现了火箭运载能力突破性的跨越，为即将到来的载人飞船的发射提供了运载工具，为中国载人航天工程奠定了坚实的基础。此外，还锻炼和培养了一大批年轻的航天骨干，中国航天事业胜利地完成了新老交替的历史使命。

载人航天"三步走"，圆中国飞天梦

"长二捆"火箭对捆绑技术的尝试，为后来中国载人航天火箭——长征二号F火箭的研制打下了坚实的基石。长征二号F运载火箭的设计正是以"长二捆"为蓝本，针对执行载人航天任务的特定需求，着重强化可靠性、确保安全性而研制的运载火箭。在20年的时间里，成功将"神舟"系列飞船和"天宫"实验室送上太空。

1992年9月21日，我国决定实施中国载人航天工程，批准飞船工程立项，并确立了我国载人航天"三步走"的发展战略。同年11月，中央专委任命了工程的4位负责人，工程总指挥为丁衡高，副总指挥为沈荣骏、刘纪原，工程总设计师是王永志。

在中国的宇宙探索历程中，载人航天工程至今仍是规模最宏大、体系结构最复杂、技术挑战最高的工程。仅仅载人飞船工程就由航天员系统、空间应用系统、载人飞船系统、运载火箭系统、发射场系统、测控通信系统、着陆场系统共7个分系统组成，空间实验室系统就更多了。作为工程总设计师，王永志不仅要对整个工程负责，更要对每一个系统，甚至对每一个器件的可靠性负责任。

1993年初，工程各系统陆续全面转入方案研制阶段。为了让七大系统尽早开展方案设计，工程指挥层迅速做出重要战略决策：取消大型动物的实验、对发射场系统提出了"三垂一远"模式、首选着陆区从河南黄泛区改选至内蒙古的广袤草原等。在做好顶层设计的同时，王永志也经常深入项目前线，与研究人员深入探讨技术难题的解决方案，努力克服技术上的重重挑战。在工程总体的组织下，各系统基于独立创新思路规划出切实可行的技术方案，完成了具备独立故障检测和应急逃逸能力的长征二号F火箭的开发方案，开启了三舱式飞船的研制工作，制订了陆基与海基S波段测控通信网络的统一方案，确定了多学科多用途的空间科学应用项目等。

载人航天工程的风险非常高，安全可靠最关键。"可靠第一，安全至上"是王永志始终坚持的整体设计理念。为了切实提高航天员的安全性，王永志经常深入一线调研和检查工作，发现并消除了不少较大的安全隐患，例如为航天员提供手动供氧开关、更换航天员座椅提升装置、单独设置轨道舱与返回舱分离电源、落实航天员手动控制返回功能、改变火箭抛逃逸塔方案、提高活动发射平台设计运行速度、火箭筒与固体发动机增加安全保险机构等。

"不带问题出厂，不留隐患上天"是王永志的口头禅。他严格执行"故障归零"制度，为我国载人航天工程的顺利实施和航天员的安全构筑起坚固的屏障。

小故事

2001年，神舟三号飞船在发射场完成了三舱对接后，在进行测试检查时，意外发现贯穿飞船两舱的穿舱插座中有一个点没有导通。王永志要求彻查这个问题。相关专家组立即在现场将另一个同类插座拆解开来研究，分析这种结构的插座出现不导通的问题是个别现象还是普遍现象。但由于拆解的产品太少，专家组只能谨慎地给出"很难排除是批次性问题"的结论。为了查明究竟是不是批次问题，王永志和胡世祥等人连夜赶往外省的穿舱插座生产厂了解情况。他们通过看生产过程、与插座的设计和工艺人员交谈，彻底明白了是设计上有缺陷：这种由三段连接在一起的插针，只要插拔力大于连接力就会断线，改进方法是把三段结构设计成一个整体。

接下来怎么办？要不要彻底返工？如果要彻底返工，前一阶段所有的工作都白干了。最关键的是，当时还没有可以替代这种插座的同类产品，重新设计和生产最少要3个月，而且此时整个实验队都已经齐聚发射场，实验队要不要撤场？如果撤场，将会打击队伍的士气。这个决定不好下呀！几位领导都感到了巨大的压力。

这时候，王永志耐心地问了一个问题："神舟四号、五号飞船还用不用这种插座？"大家回答："不用。"王永志说："那好了，既然神舟四号、五号飞船都不用，神舟三号飞船也不能用。因为神舟三号也不能失败，这才符合逻辑。"

王永志从生产厂家回来后，在北京召开了工程总指挥总设计师联席会议，专门研究穿舱插座质量问题。会议最后决定：推迟发射，彻底解决问题。

这件事触动了全体研制人员，成为载人航天工程队伍全面增强载人安全意识的里程碑，树起了载人航天质量标准的标杆。撤场后，各系统都进行了全面的质量整顿和复查工作，"可靠第一，安全至上"的理念深入团队，成为团队的共识和自觉行动。

王永志对每个细节都严格把控，不留隐患。他深知，任何一点小问题都可能影响到整个任务的成功，甚至威胁到航天员的生命安全。因此，他始终坚持高标准、严要求的原则，确保每一个环节都达到最高的质量标准，确保任务成功，确保航天员的生命安全。在研制神舟五号载人航天飞船时，返回舱的座椅缓冲效果不理想，飞船着陆过程会威胁航天员的生命安全，他坚持必须解决问题，不留隐患上太空。

飞船着陆是载人航天飞行中最后一个非常关键的环节。为了确保飞船着陆过程中航天员的安全，飞船着陆方案中设计了双层缓冲措施。首先是安装在返回舱底部的反推发动机，在距离地面一定高度时点火，降低返回舱着陆速度。其次，着落前还要将航天座椅提升到一定高度，如果反推发动机点火不正常，落地时的冲击较大，座椅缓冲装置可以有效抵消飞船着陆瞬间产生的冲击能量，保证航天员的生命安全。

此前飞机上安装的座椅缓冲装置是拉刀式缓冲装置。科研人员已经对这种装置研制了将近7年，他们做了大量的工作，采取了多种改进措施，性能已有所改善，但仍然满足不了要求。为了验证这种缓冲装置的性能，从2003年初开始，试验工作人员加班加点反复多次做返回舱的冲击试验。他们得出：拉刀式缓冲装置在某些方向上的缓冲效果不理想，如果反推发动机不点火，航天员就会有伤亡的危险。

2003年5月16日，因病在家休养的王永志看到了这条结论后，不接受"航天员有伤亡危险"的可能，决定另寻出路。通过与沈力平副总设计师仔细研究，他认为可以采用胀环式反冲装置。因为胀环式反冲装置的原理是"座椅压迫支撑推杆下降并逐个撞开金属环，利用金属环的塑性变形吸收冲击能量"，这种装置简单可靠，制造难度小，吸收冲击能量效能好，而且只需在拉刀式缓冲装置的基础上进行局部的修改即可，改动量很小，性能也容易验证。同时，他根据自己几十年的工程经验判断，只要抓紧时间，在两个半月内完成设计、研制和试验，是有把握在神舟五号飞船出厂前提供新产品的。

王永志提出尽快研制胀环式座椅缓冲装置的意见后，有关单位的专家对反推发动机的点火可靠性进行了复核，并组织估算了研制胀环式缓冲座椅需要的时间。其结论是反推发动机点火可靠性很高，点火失败的概率非常小，如果还不放心，应该想方设法尽量提高反推发动机的点火可靠性。另一结论是距离神舟五号飞船出厂只有两个多月，来不及研制胀环式缓冲装置。

王永志认为这是确保航天员安全的原则问题，上天前备份措施失效与冗余措施失效都是不允许的。既然已经认识到问题的严重性，又有解决办法，就没有理由不解决。两位副总设计师陈炳忠、罗海银也都赞成王永志的观点。

7月初，总指挥李继耐部长下定决心，不换不发射。工程副总指挥张庆伟当即做出安排：航天五院成立研制攻关小组，昼夜不停，加紧研制新的缓冲装置。新产品试验件出来后，一系列地面试验表明胀环式座椅缓冲装置缓冲效能更好，性能明显改善而且非常稳定，加工、装配和调试也不复杂。

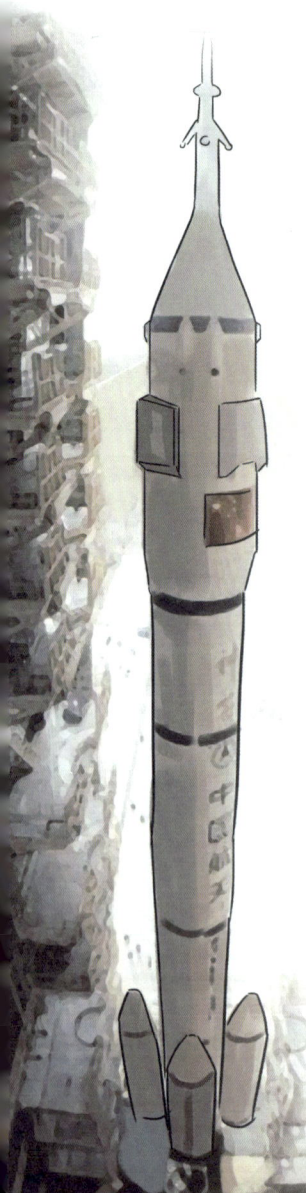

2003年9月16日，胀环式缓冲装置顺利安装到神舟五号飞船中。从开始研制到任务顺利完成，只用了49天。

2003年10月15日，神舟五号载人飞船载着首飞航天员杨利伟成功入轨，16日安全返回祖国大地，安全出舱，圆了中华民族千年飞天梦想。

中国人的脚步第一次迈进太空，跨越了我国载人航天领域与国际先进水平40年的差距，使中国成为世界上第三个独立掌握载人航天技术的国家。

作为总设计师，王永志团队克服了无数技术难题，走出了具有中国特色的载人航天发展道路。自开展载人航天工程以来，中国的航天工作者始终铭记职责，忠于使命，孕育并弘扬了既能吃苦耐劳，又善于战斗、善于攻克难关，更加乐于奉献的载人航天精神。神舟五号载人飞行的胜利，凝聚了我国在执行载人航天工程方面

长征-2F火箭载着神舟五号飞船从垂直测试厂房整体转运至发射场

的诸多成就，为祖国的航天事业奠定了稳固的基础。

王永志说，他一生就干了3件事，而这3件事干了一生——研制导弹、送卫星上天、送中国人进入太空。30年从事导弹与火箭研制，20余年从事载人航天，他把一生的精力与热情悉数倾注于国家的国防科技与载人航天工程。他以国家需求为己任，使中国人梦圆飞天、揽月九霄，同时也为我国航空航天事业的持续进步筑就了坚实的基础。

科学贡献

王永志长期投身于中国战略导弹、运载火箭和载人航天工程的开发与实践，对我国在这些领域的技术进步和发展，尤其对载人航天工程的飞跃作出了突出的贡献，取得了卓著成就，是实现中华民族飞天梦想的开拓者，是国防科研战线上的一面旗帜。

王永志是"两弹一星"工程的重要技术骨干，他突破了很多技术难题，有效提升了我国第一代战略导弹的射程和实战性能。作为总设计师或总指挥，主持研制了中国第二代液体燃料远程战略导弹、固体燃料远程战略导弹和地地战术导弹、长征三号甲和长征二号E捆绑式运载火箭，为制定导弹火箭长远发展途径、实现技术更新换代和运载能力重大突破作出了重要贡献。他锐意进取，大胆创新，提出了一系列推动中国载人航天工程和导弹、火箭技术跨越式发展的设计思想。

作为中国载人航天开创者之一和学术技术带头人，王永志参加了工程必要性和发展途径论证，做了大量开创性工作，在重大问题决策方面起到了关键作用。特别是在担任总设计师的14年间（1992—2006年），他带领团队完成了整个系统的设计与研发工作，实施了4次无人飞行试验，并全权主理了神舟五号、六号载人航天飞行的技术工作，为实现中华民族飞天的历史性突破作出了重大贡献。王永志一生心系国家航天事业、培养航天人才，为载人航天事业而奋斗。